X 1430.

(C.)

14582

X

Ouvrages du même Auteur qui se trouvent chez le même Libraire.

DISSERTATION sur un Monument souterrain existant à Grenoble. *Grenoble*, Peyronard, 1805. in-4°.

LETTRE sur l'Inscription grecque du temple de Denderah en Egypte, adressée à M. Fourier, préfet du département de l'Isère. *Grenoble*, 1806. in-8°.

NOTICE sur une Edition d'Homère, entreprise par J. Rodolphe Wetstein. *Paris*, 1806. in-8°.

NOTICE d'un Manuscrit latin, intitulé : *Albani Belli Libri quinque*. Paris, 1807. in-8°.

ANTIQUITÉS DE GRENOBLE, ou Histoire ancienne de cette ville, d'après ses monumens. *Grenoble*, 1807 in-4°.

ÉLOGE HISTORIQUE de M. Berard-Trousset, docteur en médecine à Grenoble. *Grenoble*, Peyronard, 1807. in-8°.

NOTICE sur les Accroissemens de la Bibliothèque de la ville de Grenoble pendant l'année 1808. *Grenoble*, Peyronard, 1809. in 8°.

NOUVELLES RECHERCHES

SUR LES PATOIS

OU

IDIOMES VULGAIRES DE LA FRANCE.

DE L'IMPRIMERIE DE FEUGUERAY.

NOUVELLES RECHERCHES
SUR LES PATOIS.

OU

IDIOMES VULGAIRES DE LA FRANCE,

ET EN PARTICULIER

SUR CEUX DU DÉPARTEMENT DE L'ISÈRE;

Suivies d'un Essai sur la Littérature dauphinoise, et d'un Appendix contenant des Pièces en vers ou en prose peu connues, des Extraits de manuscrits inédits et un Vocabulaire ;

Par J. J. CHAMPOLLION-FIGEAC,

Professeur de Littérature grecque à la Faculté des Lettres de l'Académie de Grenoble, Secrétaire de la même Faculté et de la Société des Sciences et des Arts, Officier de l'Université Impériale, Conservateur-Adjoint de la Bibliothèque publique de Grenoble, etc.

A PARIS,

Chez GOUJON, Libraire, rue du Bac, n° 33.

NOVEMBRE 1809.

A MONSIEUR
DE LANGEAC,
CONSEILLER ORDINAIRE
ET OFFICIER DE L'UNIVERSITÉ IMPÉRIALE.

Monsieur,

En me permettant de faire paraître cet Essai sous vos auspices, vous m'autorisez à croire qu'il ne sera pas indigne de l'attention des savans et de celle du public : à la faveur de votre nom, puisse-t-il obtenir leur suffrage.

Les bergers des Alpes se présen-

tent pour la première fois sur la scène littéraire ; moins heureux que ceux de l'antique Latium, ils n'ont point pour interprètes Virgile dans leur langue et Vous dans la nôtre. Simples comme la nature, ils sont quelquefois sauvages comme elle ; je ne déguise pas leurs défauts dans mon travail.

Veuillez, Monsieur, le recevoir comme un témoignage public de ma vive reconnaissance, de mon respectueux dévouement, et agréer cette expression des sentimens que mon cœur vous a voués à tant de titres.

J. J. CHAMPOLLION-FIGEAC.

PRÉFACE.

Chaque département de l'Empire se sert d'un idiome vulgaire qui lui est particulier; presque tous peuvent offrir des pièces soit en vers, soit en prose, où cet idiome est employé, et quelques-uns possèdent des ouvrages imprimés destinés à faire connaître les élémens de ces langues populaires. Ces idiomes divers, considérés isolément, se rattachent les uns aux autres et se lient par des rapports résultans du voisinage des provinces où chacun d'eux est en usage; mais, considérés à deux points extrêmes de la France, ou seulement d'une partie de cet Empire, la différence est immense, les rapports généraux n'existent plus, et chacun de ces patois se présente avec ce qui lui est propre, avec ses élémens constitutifs. Ces faits bien reconnus ont dû amener de bons esprits à faire des recherches sur ces langues beaucoup moins étrangères qu'on ne le croit généralement à l'origine et au perfectionnement successif de la langue française ; de-là les divers Mémoires académiques et les Traités généraux ou particuliers dont les patois ont été le sujet.

Ceux du département de l'Isère étaient pour ainsi dire ignorés ; à peine connaissait-on, dans ce département même, quelques-unes des pièces imprimées que les deux derniers siècles avaient produites. J'avais réuni quelques matériaux sur cet objet, lorsque S. Ex. le Ministre de l'Intérieur, par sa lettre du 13 novembre 1807, demanda à M. le Préfet du département de l'Isère des renseignemens sur les patois usités dans cette partie de l'Empire, et des échantillons en vers ou en prose où ces patois fussent employés. S. Ex. demandait en même temps une traduction littérale en langage populaire de la Parabole de l'Enfant prodigue, ce morceau de la Bible, qui ne contient que des idées familières, étant très-propre à servir d'exemple. Le Ministre ajoutait que s'il existait dans le département de l'Isère des diversités de dialecte assez notables pour devenir sensibles dans la traduction de cette parabole, il désirait qu'on les lui fît connaître, et qu'on indiquât approximativement les limites du territoire où chacun de ces dialectes serait en usage.

M. le Préfet du département de l'Isère me fit l'honneur de me demander un mémoire qui contînt les renseignemens que le Ministre de l'Intérieur désirait obtenir. Jaloux de justifier cette preuve de confiance, je me trouvai heureux de pouvoir satisfaire sous ce rapport un Magistrat aussi chéri que respecté, et de contribuer à remplir les vues d'un Ministre protecteur zélé des lettres et des arts.

Tel fut le motif du travail que je soumets aujourd'hui au jugement du public et à l'indulgence des savans.

Les recherches qu'il a exigées m'ont convaincu que la plupart des auteurs qui ont écrit sur cette matière se sont copiés l'un l'autre; que peu d'entr'eux ont pris la peine de recourir aux documens originaux ; que presqu'aucun d'eux ne remplissait la condition sans laquelle il est impossible de bien apprécier ces mêmes documens, c'est-à-dire qu'aucun d'eux ne connaissait à fond au moins un de nos idiomes vulgaires, et ne réunissait sur presque tous des données générales acquises par des voyages faits dans les diverses parties de la France où ces mêmes idiomes sont le mieux caractérisés. Le défaut de ces moyens a donné lieu à plusieurs erreurs ou fausses interprétations que l'on pourrait reprendre dans la plupart des ouvrages publiés, et pour n'en citer ici qu'un seul exemple, je le prendrai dans un des plus précieux fragmens de notre ancienne littérature.

En 842, les seigneurs français s'étant rendus garans de l'alliance que leur roi Charles venait de contracter avec son frère Louis de Germanie contre Lothaire, promirent par serment que si Louis respectait les conditions de cette alliance, et que leur roi Charles les enfreignît, aucun d'eux ne le servirait contre Louis; le texte porte que si *Karlos non lo stanit, si io returnar non lint pois, ne io ne neuls cui eo returnar int pois,* etc., ce qui signifie mot à mot : *Si Charles ne le tient* (le serment), *si je ne puis l'y ramener, ni moi, ni aucun que j'y pourrai ramener, ne le servirons contre Louis ;* et d'après la première version connue et servilement copiée, tout le monde a traduit ainsi : *Si Charles ne le tient, si je ne puis l'*EN DÉTOURNER*, ni moi, ni aucun de ceux que je pourrai* EN DÉTOURNER*, ne le servirons contre Louis,* c'est-à-dire d'une manière entièrement opposée au texte, et en faisant un contre-sens complet, parce qu'on n'a pas connu la force du mot *l'int, illum in,* parce qu'on n'était pas familiarisé avec ces crases si communes dans les langues vulgaires, parce qu'enfin on expliquait une langue qu'on n'avait pas cultivée.

En faisant ces remarques, je n'ai

pas l'intention de jeter de la défaveur sur les travaux de ceux qui m'ont précédé dans cette carrière, ni la prétention d'avoir été plus heureux qu'eux ; en m'empressant de déclarer que j'ai profité des recherches que des écrivains laborieux ont faites avant moi sur les idiomes vulgaires de la France, je crois prouver que je n'ai eu d'autres motifs pour entreprendre ce travail, que celui que j'ai fait connaître plus haut, et qui m'a permis de présenter, à la fin de 1808, à M. le Préfet du département de l'Isère, un Mémoire qui pourrait être regardé comme un des premiers chapitres de la statistique de ce département, mémoire auquel S. Ex. le Ministre de l'Intérieur a bien voulu donner quelqu'attention.

L'ayant revu depuis cette époque, j'y ai fait divers changemens, et ayant obtenu du Ministre la permission d'en disposer, je le livre à l'impression, bien persuadé que son sujet est digne des méditations des personnes instruites.

La première partie est consacrée à des vues générales sur les idiomes vulgaires ; la seconde à l'état actuel de ceux du département de l'Isère ; et la troisième à la littérature dauphinoise. L'Appendix contient diverses pièces peu connues, et des extraits de manuscrits inédits écrits en patois ; je l'ai terminé par un vocabulaire et une notice bibliographique.

On peut sur cette matière faire beaucoup mieux que moi ; mais je serai très-satisfait, si le public et les savans qu'elle intéresse peuvent l'être de mon zèle.

NOUVELLES RECHERCHES

SUR LES PATOIS DE LA FRANCE.

PREMIÈRE PARTIE.

« C'est de la langue vulgaire des provinces que se sont formées les langues française, espagnole et italienne (1) ».

Il semble que cette vérité, que l'on prendra peut-être pour un paradoxe, va être enfin reconnue par rapport à la langue française. Le gouvernement, inté-

---

(1) *Bonamy*, Acad. des Belles-Lettres, XXIV, 597.

ressé à connaître l'histoire des origines et du perfectionnement de cette langue, veut faire constater les unes et faire discuter les autres (2). Dans cette détermination on reconnaît ce même esprit qui donne l'impulsion à tout ce qui se rattache à l'utilité publique, et, sous plusieurs rapports, les patois ou les langues vulgaires des provinces y sont étroitement liés. Documens précieux pour l'histoire, ils ont été pendant long-temps le moyen qu'employaient les peuples des parties méridionales de l'Europe pour un mutuel échange d'idées, pour le lien commun de leurs rapports politiques et commerciaux.

Ces considérations suffiraient pour donner une grande importance à ces langues vraiment anciennes, quand même leur usage ne rappellerait pas l'existence d'un peuple célèbre qui, tour-à-tour vainqueur et vaincu, ne fut enchaîné avec la liberté

---

(2) J'ai indiqué dans la préface les lettres ministérielles qui ont donné lieu à la rédaction de ce mémoire.

des Gaules qu'après avoir fait trembler Rome pour la sienne; et si de grands souvenirs, si des actions d'éclat, si une valeur éprouvée, si un courage qui se retrempait continuellement dans un ardent amour de la liberté et l'attachement le plus inviolable aux rites d'une antique religion; si une renommée qui défiera les siècles, parce qu'elle est liée au souvenir des triomphes d'un peuple auquel le monde fut soumis; si tous ces faits n'engageaient déjà les Français à étudier la partie la plus importante de l'histoire de la Gaule, sa langue, l'esprit national ne leur en ferait-il pas un devoir? Le dix-neuvième siècle rendra aux Gaulois leurs sciences, leurs arts et leur industrie, et ce ne sera plus uniquement à travers le prisme des préventions romaines que nous étudierons les origines françaises. Intéressés par leur propre gloire à obscurcir celle des autres, les Romains ne nous ont transmis sur les Gaulois que des idées fausses en général, ou tout au moins suspectes; il semble que ce n'est qu'à regret, ou sans y penser, qu'ils ont laissé échapper l'aveu des pratiques agricoles (3), des moyens industriels (4), des usages d'économie publique et privée (5), je dirai même des raffinemens du luxe (6)

---

(3) Selon Caton l'ancien et Pline, les Romains durent aux Gaulois l'usage d'employer la marne et la chaux à féconder les terres, et la connaissance de la herse ferrée, de la faux, des tamis, sacs et bluteaux en crin, des vases d'airain, etc.

(4) Ce sont les Gaulois qui, selon Pline, inventèrent toutes sortes de roues et de voitures utiles ou de luxe qu'on employait en Italie, l'étamage des vases de ménage, le villebrequin et les tarières, etc.

(5) Le même Pline et Philostrate rapportent que c'est des Gaulois que les Romains apprirent l'usage des métaux dans les monnaies, celui de fixer le poids que devait porter une voiture en raison de la forme de ses roues. Pline avoue aussi que les Gaulois connurent l'art de faire le verre avant les Romains.

(6) Les empereurs romains adoptèrent, pour leurs vêtemens, malgré la critique et les railleries du peuple, les riches étoffes dont étaient habillés les chevaliers gaulois, et qui se fabriquaient dans la Gaule. C'est aussi dans la Gaule que les

qu'ils empruntèrent des Gaulois. Soumettant à leurs armes les villes et les campagnes, ils voulurent aussi soumettre à leur police l'esprit de leurs habitans, leur donner Jupiter pour Dieu et Rome pour patrie. Industrieux en moyens, les Romains n'en négligèrent aucun pour réussir contre les Gaulois, et la langue des Gaules soumises fut particulièrement atteinte de proscription.

Mais ce qu'une longue suite de siècles peut à peine altérer, les armes victorieuses des Romains auraient-elles pu le détruire? Indépendante comme l'opinion, une langue reste presque toujours elle-même, et

---

Romains apprirent l'art de dorer et d'argenter les brides et les harnais des chevaux. Au rapport de Pline, les Gaulois imitaient dans leurs manufactures la pourpre tyrienne, le violet et l'écarlate. Nous ne parlerons pas des vins, des fruits et autres productions des Gaules qui firent les délices et l'ornement des repas des Romains, ni du *bled blanc* qu'ils se procuraient à grands frais, etc. On peut consulter à ce sujet la *Notice sur l'Agriculture des Celtes*, par M. *de Cambry*. Paris, 1806, *in-8º*.

conserve pour ainsi dire constamment le type de son origine; ainsi le souvenir de la langue celtique existera pendant long-temps encore; il est attaché à l'existence de la langue française; et si, à son riche patrimoine, celle-ci a vu successivement ajouter les dépouilles de ses voisines, elle n'a pas pour cela renoncé à la partie de son domaine que lui a acquise une possession d'un plus grand nombre de siècles.

Toutes les fois que l'esprit de recherches se dirigera sur la langue de la grande nation, le celtique sera le point de départ et attirera les premiers soins. Il en faudra beaucoup pour démêler ce que le séjour des Romains fit ajouter de mots et de tournures de la langue latine à la langue antique des Gaules. Cette époque est la plus intéressante et pour la langue celtique et pour la langue française. Le mélange de la première avec le latin, et la corruption de l'une et de l'autre donnèrent naissance au *roman,* avant que l'arrivée des Francs dans les Gaules eût mis en concurrence avec lui le dialecte tudesque ou le *frank teuch*; et celui-ci, relégué bientôt après dans les contrées du Nord, laissa enfin les Gaulois en possession de la *langue romane*, qui, polie et cultivée, est devenue la langue de la France, la langue politique de l'Europe.

Ce dernier paragraphe indique la classification des diverses parties de ce mémoire.

Personne sans doute ne contestera la nécessité de connaître les diverses langues vulgaires des provinces de la France et d'en constater l'état actuel. Le moment est peut-être arrivé qui complétera leur altération et marquera leur décadence. L'impulsion que la révolution a donnée à tous les esprits, les déplacemens qui se sont opérés sur tous les points de la France, les mélanges des habitans de différentes provinces résultant des circonstances, la nécessité pour tous de connaître et de parler la langue française, la multiplicité des relations qu'entretient le besoin ou l'ambition, tout semble concourir pour enlever à ces idiomes leurs caractères originels, leur esprit et leur physionomie. Si un jour cette métamorphose s'opère, il ne restera rien alors de ces antiques chartes des peuples, de ces monumens que réclament les premières pages de notre histoire. Tout semble donc se réunir pour applaudir aux mesures d'un gouvernement éclairé qui sollicite les renseignemens que nous allons tâcher de réunir dans cet essai.

Ce n'est pas des idiomes en usage dans les villes que nous nous proposons de nous occuper particulièrement dans ce mémoire. Les villes sont le foyer ordinaire des révolutions qu'éprouvent les langues; on y en voit toujours les agens et dans les hommes instruits qui les polissent, et dans la mode qui adopte des mots et en abandonne d'autres. Cet état des choses existe surtout lorsqu'un conquérant étranger soumettant les villes à ses lois, leur fait un devoir ou une nécessité de parler sa langue. Ainsi lorsque les Gaulois subirent le joug des Romains, les villes de la Gaule furent remplies de fonctionnaires publics et de soldats qui n'avaient d'autre langue que le latin. L'intérêt des Gaulois leur fit un besoin de se faire entendre des Romains ; le peuple en trouvait le motif dans le desir d'éviter une vexation ou d'obtenir un service, et les grands dans leur ambition. Les Romains d'ailleurs ne négligèrent aucun soin pour faire adopter leur langue. Tous les actes publics étaient écrits en latin, et les académies qu'ils établirent dans divers lieux de la Gaule auraient suffi pour répandre la connaissance du latin, si le soin qu'avaient les grands et les riches d'envoyer leurs fils à Rome n'y eût déjà contribué.

Mais ces mêmes causes qui firent répandre le latin dans les villes, n'eurent aucune influence sur les campagnes. L'état physique du Dauphiné fut d'ailleurs un obstacle de plus à la propagation de la langue latine parmi ses habitans. Vivant au milieu de hautes montagnes, privés le plus souvent de tout moyen de communication, soustraits aux influences étrangères à leurs habitudes, séparés de leurs plus proches voisins pendant la moitié de l'année par des neiges abondantes, exempts d'ambition, ignorant pour la plupart le bien-être des villes, n'ayant qu'une idée confuse de gouvernement et de patrie, de lois et de devoirs, et d'autre règle de conduite que des usages traditionnels et des préjugés auxquels ils sont d'autant plus attachés qu'ils sont eux-mêmes plus ignorans : dans cet état absolu d'isolement, comment changer quelque chose à l'état physique ou moral de ces individus ? Le temps peut seul leur faire sentir son influence ; et si des pasteurs zélés, voués depuis plus de quinze siècles à l'instruction des habitans de ces montagnes, sont à peine parvenus à leur faire connaître les principes fondamentaux de la religion chrétienne et les premiers devoirs de chrétien ; si ces quinze siècles d'instructions familières n'ont pas détourné ces hommes laborieux des pratiques druidiques (7) ; si, annuellement encore, ils

---

(7) Parmi ces pratiques, nous ne citerons que la fête du 1er de Mai, où l'on élit un roi et une reine que l'on pare et élève sur un trône exposé au regard des passans. On se rappelle à ce

célèbrent la fête du soleil (8), et allument des feux aux solstices (9); quelle influence le court séjour des Romains dans les Gaules peut-il avoir exercée sur ces mêmes hommes, sur leurs idées et sur leur langue ? Toutefois nous ne prétendons pas avancer que la langue des habitans des montagnes du département de l'Isère soit ce qu'elle était avant l'arrivée des Romains dans l'Allobrogie ; mais en cherchant à prouver que, par cela même

---

sujet le Champ de *Mai*, qui fut ensuite transformé en Champ *de Mars*.

(8) Cette fête se célèbre avec une certaine pompe dans la commune des *Andrieux* en Valgodemar, et le curé n'y est absolument pour rien. Tout le village se rend sur le pont; dès que le soleil y paraît, on lui fait l'offrande d'une omelette, et la fête se termine par des danses et un festin. Il existe dans les archives de l'Académie de Grenoble un mémoire historique sur cette fête.

(9) Il est d'un usage général d'allumer des feux de joie, auprès desquels se réunissent tous les habitans, la veille de la Saint-Jean et la veille de Noël, pour ainsi dire le 22 juin et le 22 décembre de chaque année.

que les habitans de ces montagnes eurent moins de rapports avec les Romains, leur langue dut être d'autant moins altérée par le latin, nous voulons justifier la détermination qui nous fait négliger dans ces recherches les patois des villes, parce qu'ils se sont peu à peu francisés, et qu'aujourd'hui ils ne sont pour ainsi dire que la langue française elle-même variée dans ses inflexions. Il en est ainsi du patois de la ville de Grenoble, et l'on peut s'en assurer par la lettre relative à l'inondation survenue dans cette ville le 20 décembre 1740, lettre écrite à la même époque (10), et dans laquelle, à deux ou trois mots près, tels que ceux de *cruzieu*, lampe, *lloupa*, boue, *brayes*, culotte, tout est français ou latin, et tout si conforme à l'esprit et aux tournures de la langue française, qu'en la traduisant mot pour mot et dans le même ordre, on aurait presque cette même lettre en vers français, sans que le sens ni la rime fussent défectueux, tant le patois de la

---

(10) *Voyez* l'appendix, n°. 1.

ville de Grenoble était conforme au français vers le milieu du siècle dernier, et depuis il s'en est rapproché chaque jour davantage. On peut donc conclure avec raison de ce fait, qui est le même partout, que le patois des habitans des montagnes doit être le sujet principal des recherches du genre de celles-ci.

Mais pour apprécier les causes et la nature des variations qu'a éprouvées la langue des habitans de nos montagnes, nous ne devons pas négliger de considérer les changemens qu'a pu y apporter, dans la majorité des villages, quoique tard, l'émigration annuelle de leurs habitans qu'une louable industrie amène dans *le pays bas*, c'est-à-dire dans les diverses parties de la France. Mais arrêtons-nous d'abord à l'influence qu'exercèrent sur cette langue les irruptions des Allobroges et des autres Gaulois en Italie (11). Nous devrions peut-être faire remarquer

---

(11) On connaît plusieurs irruptions des Gaulois en Italie, qui remontent jusques aux premiers siècles de Rome.

ici que le mélange des Gaulois avec les Carthaginois conduits par Annibal, enrichit de beaucoup de mots puniques la langue gauloise. Sans doute il y eut parmi ces Gaulois de l'armée d'Annibal plusieurs soldats qui, comme Autavit dont parle Polybe, apprirent le punique, et aimèrent à parler entre eux, de retour dans leur patrie, la langue qu'ils avaient apprise dans les camps; mais le manque absolu de documens ne permet à ce sujet que des conjectures. Nous revenons donc à l'influence qu'eurent sur la langue celtique les irruptions des Gaulois en Italie.

Ces irruptions eurent sans doute des effets directs sur cette langue par l'introduction des mots acquis en Italie, et transportés dans l'Allobrogie et dans toute la Gaule par les soldats qui les propagèrent au retour de ces expéditions. Cette circonstance sert incontestablement à marquer la première époque du mélange des mots latins avec le celtique; mais nous croyons pouvoir avancer qu'on a accordé au latin plus d'influence qu'il n'en eut réellement, puisqu'on n'a eu aucun égard aux mots celtiques que les Allobroges et les Gaulois ont laissés en Italie, ni à ceux que les Latins ont empruntés eux-mêmes des Gaulois, après les avoir dépouillés de leur état civil et politique. C'est cette erreur qui a fait dire à plusieurs auteurs que tous les patois venaient du latin ; et on n'a pas fait attention que le latin lui-même avait emprunté quelque chose du celte, et à cet égard l'opinion de Varron n'est pas équivoque. Ainsi on dit communément que le mot français *battre* vient du latin *battuere*, et conséquemment que le mot patois *battré* est dérivé du même mot latin. Mais pourquoi n'a-t-on pas remarqué que le mot latin *battuere* n'est employé dans ce sens que par Plaute et Nævius, et non par les auteurs latins qui sont postérieurs à la conquête des Gaules ; d'où l'on pourrait presque conclure que le mot *battre* appartenait à l'ancienne langue des Gaulois, puisque les bons auteurs latins, tels que Tite-Live et Cicéron, Virgile et Horace semblent l'avoir banni de leurs ouvrages comme un mot barbare et exotique. Si cette observation se vérifiait, il en résulterait que nos idiomes vulgaires, la langue française, l'espagnole et l'italienne, qui ont la même origine, et où l'on trouve ce mot avec la même acception, ne le devraient pas au latin. Sans doute de semblables remarques deviennent difficilement des vérités ; nous ne donnons même celle-ci que comme une conjecture ; mais s'il était possible de connaître la série des mots primitifs d'une langue, ou plutôt la série de tous les mots d'une langue à une époque donnée, et que cette série fondamentale fût, après un certain nombre d'années, comparée avec la série des mots qui appartiendraient alors à cette langue, on connaîtrait exactement ceux qui s'y seraient introduits depuis l'époque de la première série ; et l'histoire des rapports civils, politiques, militaires et commerciaux qu'aurait eus avec des voisins ou des étrangers éloignés le peuple dont la langue servirait à cette observation, indiquerait incontestablement la cause de l'introduction de ces mots et leur étymologie. Ainsi le séjour des

Maures en Espagne a enrichi la langue espagnole d'une infinité de mots et de tournures arabes ; ainsi l'expédition d'Egypte a laissé le souvenir ineffaçable du séjour qu'y ont fait les Français, dans les mots français d'arts ou d'agriculture qu'ont incontestablement adoptés les habitans de l'Egypte. Cette vérité sert à prouver l'influence des expéditions militaires sur la langue des peuples vaincus et sur celle des vainqueurs. Nous avons donc dû ne pas passer sous silence celle des Allobroges et des autres Gaulois conquérans de l'Italie sur la langue latine, et réciproquement celle des mots transportés de l'Italie par les Allobroges et les Voconces dans leur propre patrie, deux causes qui y ont également contribué au mélange du latin avec le celtique.

Nous devons considérer comme une troisième de ces causes l'émigration périodique des habitans des montagnes du département de l'Isère, qui vont exercer dans diverses parties de la France, et notamment dans le midi, une industrie me cantille bien utile à leur famille. Pour que cette considération ressortît dans toute sa force, il serait peut-être nécessaire de prouver que ces émigrations ont eu lieu dans tous les temps. Si elles n'étaient que le résultat d'une coutume ou d'une convention, on pourrait élever des doutes sur leur ancienneté. Mais nous pensons que cette ancienneté est prouvée par le fait lui-même qui n'a d'autre règle que le besoin, d'autre moteur que l'intérêt, et l'intérêt et le besoin sont de tous les temps et de tous les lieux. Il n'y a donc point de doute que l'émigration annuelle des habitans des montagnes du département de l'Isère n'ait eu une influence marquée sur la langue de ces montagnards. Cependant on doit remarquer que la majorité des habitans gardant les pénates, et cette majorité se composant des vieillards, des femmes et des enfans, c'est-à-dire, de la portion de l'espèce humaine qui parle le plus, la langue mère se conservait plus intacte, et ce n'était qu'à la longue qu'un mot étranger pouvait s'y introduire. On sait d'ailleurs que, parmi ces esprits bornés, toute nouveauté qui n'éblouit pas est accueillie par un rire dédaigneux et satirique.

Il est une autre cause qui influa puissamment sur l'altération de la langue primitive des Gaules, et cette cause fut la fondation de Marseille par une colonie de Phocéens ou d'Hellènes (12). Nous ne discuterons pas ici la vérité de ce point historique, qui d'ailleurs est d'accord avec la tradition. On a contesté l'arrivée de cette colonie de Phocéens et la fondation de Marseille qu'on lui attribue. Avec du pyrrhonisme et du goût pour de nouveaux systèmes, on peut faire de l'histoire un dédale inextricable, et assimiler les historiens les plus accrédités aux ouvriers de Babel. Mais n'oublions pas que l'histoire mal traitée donne plus de préjugés que l'ignorance (13). Quoi qu'il en soit on ne nie pas que Marseille ait été habitée par des Grecs, ou du moins par

---

(12) L'an 599 avant J. C., selon *Cary*, Dissert. sur la fondation de Marseille, page 66.

(13) *Cambry*, Agriculture des Celtes.

des personnes qui n'avaient d'autre langue pour leurs relations et pour leurs monumens que la langue grecque (14). Ce point bien reconnu nous suffit pour établir l'influence du grec sur le celtique, influence résultant du besoin qu'avait toute la Gaule d'entretenir des relations avec la ville de Marseille devenue l'entrepôt de tout le commerce gaulois, surtout avant que les Romains, en partageant le produit de l'industrie des Gaulois par des associations aussi injustes que sordides (15), eussent ruiné ce même commerce gaulois après l'avoir découragé.

Ce que nous venons de dire prouve que nous n'admettons pas dans toute sa plénitude le rapport de Strabon, qui avance que les Gaulois ne fréquentèrent les Marseillais qu'après la conquête des Gaules

---

(14) N'oublions pas cependant que les Marseillais usèrent avec une égale facilité du grec, du latin et du celtique dans leurs relations commerciales. (*S. Hyeronimus, pref. ad Comment. in Epist. ad Galathas.*)

(15) *M. Tullius Cicero, Oratio pro Fonteio.*

par les Romains (16). Sans nous engager dans une discussion qui nous éloignerait du sujet de cet essai, il suffira de dire qu'avant les premières conquêtes des Romains dans la Gaule, conquêtes qui précédèrent celles de Jules-César de plus de soixante ans, les Romains avaient fait alliance avec les Marseillais, qui en avaient eux-mêmes contracté une avec divers peuples de la Gaule, et notamment avec les Æduens (17). Les peuples de la Gaule étaient donc en rapport avec les Marseillais avant l'arrivée des Romains; la langue des Marseillais, la langue grecque, contribua donc à l'altération du celtique.

En admettant que les diverses circonstances que nous avons indiquées ont eu une influence plus ou moins directe sur la langue des Gaules, on aperçoit combien il est difficile de reconnaître, d'indiquer et de classer les différences qui en résultent, surtout en les considérant par

---

(16) *Strabo*, *Rerum geographic. lib.* 11.

(17) *L. Florus*, *de Gestis rom.* III, 2.

rapport aux temps et par rapport aux lieux. En effet, comment constater des altérations chronologiques lorsqu'on n'a pour point d'appui que des conjectures, ou des monumens dont la date n'est pas certaine? Comment constater des altérations locales, lorsqu'après avoir reconnu qu'une seule et même langue fut à une époque donnée la langue de toute la Gaule (abstraction faite des différens dialectes particuliers aux provinces), on voit presque aussitôt des circonstances de diverse nature se presser sur tous les points extrêmes de cette contrée, l'opprimer de toutes parts, altérer son gouvernement, détruire ses limites, et miner les bases de son existence politique et morale? Comment enfin constater les altérations littérales lorsqu'il s'agit de qualifier un mot mêlé parmi cent autres, de reconnaître une désinence particulière à quelques mots, et quelquefois commune à un grand nombre? Ce sont-là des obstacles qu'on ne saurait se dissimuler, et, sans avoir la prétention de les vaincre, aux observations précédentes, nous en ajouterons une nouvelle non moins importante dans le sujet qui nous occupe.

Pour caractériser une langue dans tout ce qui lui est propre, c'est dans l'intérieur du pays où elle est parlée qu'il faut l'étudier. C'est là seulement qu'on la trouvera étrangère aux tours, aux inflexions et aux accens de la langue des voisins. Les langues de deux peuples frontières se mêlent par le contact de ces deux peuples, comme leurs idées, leur caractère et leurs coutumes prennent une teinte commune; ainsi dans l'étude des idiomes parlés dans les pays frontières de la France, on doit avoir égard à l'influence de tous les jours et de tous les instans qu'exerce sur cet idiome la langue des peuples limitrophes. Cette influence a été remarquée dans tous les temps, et Strabon (18) avait observé que la langue des Aquitains voisins des Pyrénées, avait beaucoup de rapports avec la langue des habitans des Espagnes. Ainsi de nos jours le patois des provinces voisines de l'Es-

---

(18) *Ibid. lib. IV*, 176.

pagne, renferme beaucoup de mots arabes empruntés des Espagnols; ainsi le piémontais est un mélange de vieux français et d'italien (19); ainsi donc le grec de Marseille est répandu dans les idiomes des contrées voisines de la Méditerranée, et il n'est pas étranger à la langue des Allobroges.

---

(19) C'est peut-être trop considérer cet idiome par rapport à son état actuel. Mais il ne faut pas oublier que dans des temps peu reculés le Piémont n'eut d'autre langue que celle de la France méridionale, de l'Italie et de l'Espagne, c'est-à-dire le *roman*. Ce fait n'est contesté par personne, et on en trouve une preuve irrécusable dans les livres qui nous restent de la secte des *Vaudois* qui habitaient les vallées du Piémont. Ces livres consistent en quelques manuscrits très-rares en France et par-tout ailleurs, si ce n'est en Angleterre où doivent exister (à Cambridge) plusieurs manuscrits envoyés en 1658 à Olivier Cromwel, qui les avait demandés aux pasteurs vaudois. Tous ces livres sont en langue vulgaire et datent du dixième siècle, même de plus loin, selon quelques auteurs. La bibliothèque de Grenoble possède un manuscrit en langue vaudoise. C'est un Nouveau-Testament sur vélin, de for-

Nous venons d'indiquer les diverses circonstances qui y apportèrent quelque changement; quelque active qu'ait été leur influence, elle ne détruit pas la vérité de l'observation que nous avons précédemment faite, qu'une suite de siècles et des circonstances impérieuses peuvent seules dénaturer les langues. En parcourant les diverses époques de celle de la Gaule, et plus particulièrement de la

---

mat in-12 quarré, écrit en lettres rondes et à deux colonnes, sous le n° 8595. Il paraît être du 13ᵉ siècle; il se trouve indiqué dans le catalogue du fonds de M. de Caulet, comme étant un Nouveau-Testament *traduit en espagnol*. Il suffit d'y jeter un coup-d'œil et de le comparer aux passages cités par *Jean Léger* dans son *Histoire des Eglises vaudoises*, pour s'assurer que ce Nouveau-Testament appartient à la secte et à la langue vulgaire des Vaudois. Ce que j'ai dit de la rareté des manuscrits de ce genre m'engage à publier la parabole de l'Enfant prodigue extraite de celui de la bibliothèque de Grenoble. (*Voyez* l'Appendix, n°. 2.) On peut comparer ce morceau avec les fragmens provençaux de divers siècles publiés par M. *Millin* dans son *Essai sur la langue et la littérature provençales.*

langue vulgaire du département de l'Isère, en constatant son état actuel, on reconnaîtra la vérité de cette assertion, qu'une langue reste pendant long-temps elle-même, et conserve pour ainsi dire constamment le caractère de son origine. Si cette vérité est applicable à la langue française, que les hommes célèbres dans chaque partie des sciences et des lettres ont si souvent soumise à leur goût et si souvent à leurs caprices, avec plus de raison encore cette vérité est-elle sensible lorsqu'il s'agit de ces idiomes soustraits par leur nature aux recherches des gens instruits et aux caprices de la mode. En indiquant l'état de la langue vulgaire du département de l'Isère dans les diverses époques de son histoire, nous fournirons une nouvelle preuve de cette assertion.

On admettra sans doute, comme nous venons de le dire, que les langues ne se dénaturent qu'à la longue; les idiomes de la Gaule le prouvent, et ceux des contrées éloignées rendent le même témoignage. Ainsi St. Augustin, pour remplir les devoirs de son ministère en qualité d'évêque du diocèse d'Hippone en Numidie, fut obligé d'avoir des interprètes qui parlassent punique pour se faire entendre des habitans de la campagne (20), et cependant depuis plus de six cents ans (21) les Romains avaient porté la langue latine dans la Numidie (22); mais en Afrique comme dans les Gaules, le latin fut la langue du

---

(20) *Bonamy*, Académie des Belles-Lettres, XXIV, 589.

(21) L'an 201 avant J.C.

(22) Ainsi, après la conquête de la Perse par le calife Othman, les actes publics du gouvernement furent écrits en arabe; mais le peuple conserva toujours sous la domination des Arabes sa langue maternelle, c'est-à-dire le persan. Ainsi en Egypte, les naturels égyptiens ont conservé pour ainsi dire jusqu'à nos jours leur propre langue, le copte, quoique leur pays ait passé successivement sous la puissance des Pasteurs, des Ethyopiens, des Perses, des Grecs, des Romains, des Arabes et des Turcs. Ainsi enfin les Chinois ont conservé leur langue, quoique depuis plusieurs siècles la langue de la cour et celle des actes publics soit le tartare-mantcheoux,

gouvernement, des hommes instruits et des fonctionnaires; *mais jamais elle ne fut celle du peuple :* dans la Gaule, il parla toujours le celtique, qui s'altéra graduellement, qui prit peu à peu une physionomie latine, physionomie qui l'a fait appeler mal-à-propos latin vulgaire, parce que la *langue latine n'a été dans aucun temps la langue vulgaire des Gaules.* Ce que nous allons dire pour démontrer cette vérité trop long-temps contestée et qu'il faut enfin reconnaître, se rapporte également et à tous les idiomes de la Gaule en général, qui n'avaient dans le principe que quelques différences d'inflexions, et à l'idiome de l'Allobrogie en particulier, qui avait aussi son inflexion particulière.

Les Romains, maîtres de la Gaule, y parlèrent latin et se servirent de cette langue dans tous les actes émanés de leur gouvernement. Nous avons déjà dit que les fonctionnaires publics et les hommes instruits parmi les Gaulois furent les seuls qui parlèrent dès-lors la langue des Romains. On a cru prouver le contraire, et établir que le latin fut la langue vulgaire des Gaulois, en rapportant que les prédicateurs de la morale évangélique, qui vinrent répandre le christianisme dans les Gaules, écrivirent en grec ou en latin. On a cité particulièrement Saint-Irénée; on a dit que Saint-Jérome écrivant à Hédibie et à Algazie, Saint-Hilaire de Poitiers à sa fille, Sulpice-Sévère à sa belle-mère, et Saint-Avit de Vienne à sa sœur, rédigèrent leurs lettres en latin; enfin que Sidoine Apollinaire cite les ouvrages d'Horace, de Varron, de Prudence et de Saint-Augustin, comme les ouvrages à la mode parmi les dames gauloises (23). Mais nous demanderons d'abord si les prédicateurs évangéliques, si Saint-Jérome, Saint-Hilaire, Sulpice-Sévère et autres auteurs qui tenaient tous à l'É-

---

(23) Discours préliminaire du *Glossaire de la langue romane*, par M. *Roquefort* (Paris, 1808, 2 vol. in-8°), ouvrage indispensable pour l'étude de l'ancienne littérature française, et dont j'ai rendu compte dans le *Moniteur* du 26 juin 1808.

glise, étaient obligés de connaître la langue des Gaulois, *eux qui étaient presque tous étrangers aux Gaules?* et ensuite, en accordant même qu'ils connussent cette langue, nous demanderons encore s'ils auraient osé s'en servir dans leurs écrits, puisque l'Église avait adopté exclusivement l'usage du grec et du latin, et que le latin était le seul idiome professé dans les académies de la Gaule, le seul dont se servissent les gens instruits, quoique le celtique fût généralement parlé par la masse des individus? Ajoutons que Saint-Irénée lui-même écrit à un de ses amis que depuis qu'il vit parmi les Gaulois, il a été obligé d'apprendre leur langue. N'oublions pas non plus que le sceptre de fer des Romains était toujours là pour prescrire la propagation du latin, qui était la langue de l'état. Ainsi un habitant des départemens méridionaux de la France qui écrira un ouvrage, même une simple lettre, l'écrira en français, quoique le provençal ou le languedocien soit sa langue maternelle et une langue cultivée. Ainsi dans les départemens réunis, un délai fatal fixé par le gouvernement a établi l'usage irrévocable de la langue française dans les actes publics, et on écrit tout en français, quoiqu'on y parle vulgairement allemand, piémontais ou italien. Dans l'étude des anciens on ne doit jamais perdre de vue ce qui se passe chez les modernes dans des circonstances semblables, parce que les hommes ont eu dans tous les temps les mêmes besoins et les mêmes passions. Répétons donc que les assertions que nous venons de réfuter ne peuvent nullement servir à prouver que le latin ait été à une époque quelconque la langue vulgaire des Gaules. Le peuple des villes, le peuple des campagnes, et particulièrement celui des montagnes, conservèrent la langue de leurs pères, et c'est cette langue altérée et mêlée de mots latins que les Romains appelèrent dédaigneusement *lingua rustica,* langue rustique, langue des campagnards ; mais cette langue rustique résista long-temps à toutes les entreprises des latinisans, et dans les deux premiers siècles de l'ère vulgaire, elle subsista toute entière, puisqu'au troisième, en 230, une ordonnance de Septime-Sévère porte que les *fidéi-commis* seront admis dans toutes les langues, non-seulement en latin et en grec, mais encore *in gallicanâ, en langue gauloise*, qui n'était sûrement pas la latine (24).

On doit fixer à cette époque le commencement d'un idiome autre que le celtique et le latin, idiome qui fut en usage dans la Gaule, et qu'on doit considérer comme la vraie source de la langue romane, qui a survecu au celtique et au latin.

Dès le cinquième siècle nous trouvons cet idiome gaulois bien caractérisé, et Sulpice-Sévère nous fournit à ce sujet un passage classique auquel il semble qu'on n'a pas fait assez d'attention.

Dans son premier dialogue (25), Gallus, l'un des interlocuteurs, est prié de faire connaître les hautes qualités de Saint-

---

(24) *Digest.* lib. xxxii, tit. 1, pag. 11.
(25) Sulp.-Sev. *Opera omnia.* Lugd. Batav. Hackius, 1647, p. 543.

Martin de Tours; Gallus s'en excuse en donnant pour raison qu'il ne convient pas à un Gaulois comme lui d'entretenir des habitans de l'Aquitaine, et qu'il craint que leurs oreilles délicates ne s'accommodent pas de la rudesse d'un langage trop rustique. *Sed dum cogito me hominem Gallum inter Aquitanos verba facturum, vereor ne offendat vestras nimium urbanas aures sermo rusticior. Tu vero,* répond *Posthumianus,* principal personnage des dialogues de Sulpice-Sévère, *tu verò vel celticè, aut, si mavis, gallicè loquere, dummodo jam Martinum loqueris.* «Vous pouvez nous parler *celte* ou *gaulois,* pourvu que vous nous parliez de Martin». Ainsi la langue *celtique* n'était pas celle que les Romains appelaient *gallica.* Mais doit-on conclure du passage de Septime-Sévère que les Gaulois parlaient, outre le celtique et le latin, un autre idiome connu? On répond affirmativement à cette question, en observant qu'il est constant que le latin, qui fut la langue de la plupart des habitans des villes, devint peu à peu un latin barbare, corrompu dans ses mots comme dans leur terminaison et dans leur arrangement, et c'est de ce latin que parlaient les Gaulois, et du celtique corrompu par le latin, et du latin lui-même, que naquit cet idiome, si informe dans ses principes, si variable dans ses règles, mais si doux ensuite sur le luth des Trouvères et des Troubadours, *le roman*. Mais l'idiome roman ne fut réellement un idiome qu'après qu'une suite de conquêtes sur le celtique et sur le latin en eut fait une langue commode pour tous ceux qui la parlaient, puisqu'elle se rapprochait en même temps des deux langues principales de la Gaule devenue province romaine, c'est-à-dire du latin dont on avait oublié les règles, ou dont on négligeait les terminaisons, et du celtique déjà ébranlé dans ses fondemens.

Les progrès de la langue romane furent lents; au sixième siècle Beaudemon écrivait encore la vie de Saint-Amand en langue rustique, *rustico sermone*. En même temps (en 552) Grégoire de Tours se plaignait de ce que peu de personnes étaient capables d'entendre un rhéteur (latin), tandis que presque tous, dit-il, comprennent un homme qui parle la langue rustique : *Philosophantem rhetorem intelligunt pauci, loquentem rusticum multi*. Aux septième et huitième siècle, les conciles de Tours et de Rheims, qui représentaient l'église des Gaules et de la Germanie, ordonnaient que les homélies des saints, pour être entendues par le peuple, seraient traduites par les soins des évêques *en langue rustique : Ut easdem homelias facilius cuncti possint intelligere, quisque transferre studeat in rusticam romanam linguam* (26). Ces deux passages prouvent-ils que le latin fut dans les sixième, septième et huitième siècle la langue vulgaire des Gaules? Non sans doute, et cet état des choses dura long-temps encore puisque, vers l'an 800, il était d'un usage général dans toutes les églises de France d'expliquer en langue vulgaire l'his-

---

(26) *Concilia*, tom. VII, 1249, 1256, cap. XV, pag. 1263, cap. XVII.

toire du saint dont on célébrait la fête, et que dès cette même époque on ne conserva plus au vrai latin la terminaison de ses mots et le tour originel de ses phrases. Ainsi chaque siècle marqua dans la Gaule la décadence successive de la langue *latine*, à mesure que la langue *celtique* s'altéra de plus en plus, et que la *gauloise* fit plus de progrès. Déjà dès le huitième siècle la langue tudesque apportée par les Francs et protégée par un prince puissant, avait jeté de nouveau la confusion parmi ces divers idiomes. L'empire s'était partagé d'opinion, et la langue gauloise, qui avait déjà le nom de *romane*, avait eu à lutter contre le *franc-teuch*, tandis que le celtique, relégué dans les montagnes, et le latin réfugié dans les monastères, mutilés l'un et l'autre et n'offrant plus qu'un corps décharné, avaient enrichi de leurs dépouilles leur heureux rival. Plusieurs moyens furent employés pour introduire le tudesque dans toutes les provinces de la Gaule. Cependant ces moyens furent sans effets ; on en trouve la preuve dans

(37)

une des circonstances de l'alliance conclue en 842 entre Charles-le-Chauve, roi de France, et son frère Louis de Germanie. Les deux princes voulurent consacrer leur union par un serment, et pour que ce serment, qui devait être prononcé par les deux rois en présence de leurs sujets, fût entendu de tous, Louis de Germanie prononça son serment en langue romane. Il est connu de tous ceux qui ont fait des recherches sur l'origine de la langue française (27), et il prouve incontestablement le peu de prosélytes qu'avait faits en France la langue tudesque, qui, bientôt reléguée à la cour, laissa le *roman* en possession de plaire aux Français; et ce qui ne contribua pas peu à le maintenir dans les provinces méridionales, et plus particulièrement dans les provinces voisines des

---

(27) Il est gravé, d'après un manuscrit de la Bibliothèque impériale, dans le premier volume du Glossaire de la langue romane que nous avons cité plus haut, voyez l'Appendix, n°. 10.

Alpes, qui furent toujours étrangères au tudesque dont elles évitèrent l'influence par leur éloignement, c'est que le *roman* était indispensable aux habitans de ces provinces méridionales pour entretenir leurs rapports avec l'Espagne et l'Italie. Ainsi le tudesque ne fut guère en vogue qu'à la cour jusqu'à la fin du dixième siècle; et enfin la langue romane, qui eut aussi ses divers dialectes, l'emporta et fut bientôt la seule parlée, comme si la langue française n'avait dû prendre son origine que dans la langue même des Français; tant il est vrai qu'une langue ne peut pas être celle de tous les peuples, ni celle de tous les climats. La romane se soutint, et dès le onzième siècle on s'adonna à traduire en cette langue les auteurs latins les plus accrédités. Alors on revint aussi sur le style de quelques écrits en ce genre du neuvième siècle qu'on trouvait déjà vieux, tant les progrès de la langue vers sa perfection étaient rapides. L'abbé Lebeuf nous a conservé un extrait des actes de

St. Etienne, martyr, traduits dans le neuvième siècle et revus dans le onzième (28). Dès le douzième toute la barbarie de la langue gauloise des siècles précédens avait passé dans la langue latine, et cette dernière n'était plus entendue (29). A son tour elle reconnut un maître, et dès-lors les Français secouèrent entièrement sous ce rapport le joug traditionnel des Romains. C'est par cette observation que s'explique l'origine du latin barbare des actes et des écrits postérieurs à l'année 1100 de nôtre ère (30). Je dis l'an onze cents, parce que c'est dans les actes de cette époque et dans ceux des époques postérieures qu'on trouve dans le latin les mots, les tournures et l'arrangement du *roman*, tels que ceux-ci, *guerra* guerre, *augmentare* augmenter, *quittare* quitter, *aula bassa* basse-cour, *gardia* garde,

---

(28) Acad. des Belles-Lettres, XVII, 716.

(29) *Ibid.* 719.

(30) La basse latinité est le résultat de causes semblables, quoique dans des circonstances différentes.

et autres mots qui, comme ceux-ci, n'ont jamais appartenu à la bonne latinité. Cette observation est sans réplique, du moins dans l'histoire des idiomes de ce département, parce que les exemples que nous venons de citer sont tous pris dans des actes qui y sont relatifs. Il en résulte que l'influence de la langue romane, telle que nous l'avons indiquée, y fut continuelle, et l'on peut dire si directe, qu'on remarque une grande différence entre le latin des actes de 1267, et celui des actes de 1277 (31). Cette circonstance sert en même temps à prouver l'universalité de cette langue (la romane), connue dans toutes les provinces sous le nom de *lingua materna*, langue maternelle, parce qu'elle était réellement le résultat de la langue primitive des Gaules mélangée avec le latin. C'est sous cette dénomination que fut connue en Dauphiné la langue vulgaire de ses habitans. Toutefois le latin restait toujours en usage

---

(31) Voyez les *Pièces justificatives de l'Histoire du Dauphiné*, par *Valbonnais*, tome 2e.

dans les actes publics : tels sont ceux du treizième siècle passés en Dauphiné. Mais nous devons répéter que ce latin des actes n'avait aucune influence sur la langue maternelle, *lingua materna*, et que le rédacteur de ces actes en les écrivant en latin, était obligé de les expliquer en langue vulgaire au testateur, par exemple, si l'acte était un testament. Nous en avons une preuve dans le procès-verbal d'ouverture du testament clos, fait le 15 janvier 1277, par Guillaume de Beauvoir. Ce procès-verbal contient des particularités très-précieuses sur les formalités usitées alors dans de semblables circonstances. Guillaume de Beauvoir avait fait écrire son testament par Guillaume Quoquebert, notaire, dans la maison de Bonnevaux à Vienne. Ce testament avait été clos, scellé de dix cachets, et signé sur l'enveloppe par huit témoins qui furent appelés devant Jacques Borgarelli, professeur de droit et juge de la terre de la Tour, pour répondre sur les diverses circonstances relatives à ce testament. L'un d'eux, Humbert de la

Tour, assure par serment que le testateur avait reconnu cet acte comme celui de ses dernières volontés, après que le notaire le lui eut lu mot à mot, et expliqué en langue vulgaire : *Item dicit quod testamentum fuit lectum de verbo ad verbum coram ipso domino de Bellovidere, et* MATERNA LINGUA EXPOSITUM (32). Ce passage sert évidemment à prouver ce qu'on ne saurait trop répéter, que le latin ne fut jamais la langue vulgaire des Gaules, ou tout au moins qu'il ne fut pas celle du peuple ni des seigneurs du Dauphiné. Ce n'est pas cependant que l'instruction y fût moins répandue que par-tout ailleurs ; les troubadours de cette province rivalisent de réputation avec ceux des autres contrées méridionales ; les seigneurs même se déclaraient hautement les protecteurs des lettres, et en 1278 Guillelmet, fils de Guillaume de Beauvoir, en prenant l'habit de cordelier à Die, se réserva dans son testament une somme de soixante livres

---

(32) *Ibid.* page 16, 2ᵉ colonne.

viennoises pour acheter des livres (33). Ainsi, dès le treizième siècle le goût des lettres était répandu dans le Dauphiné : la langue latine ne reprenait pas pour cela plus de faveur ; et dans le quatorzième siècle, les moines étaient si peu familiarisés avec cette langue, qu'il fallut traduire pour eux en français les règles même de leur ordre. Ainsi le frère Thomas Benoît traduisit les règles de l'ordre de Saint-Augustin pour l'usage de son couvent, et en s'adressant à ses frères il leur dit :

» Pour l'amour de vous, très-chers frères,
» En français ai traduit ce latin.
» J'ai mis ou langage vos mères
» Les mandemens Saint-Augustin.

» Et pour ce que la rieule Monsieur
» Saint-Augustin enseigne la droite voie
» du salut, laquelle, mes frères, vos
» avez enprinse ou pourmis à garder,
» laquelle chose serait à votre perdition,
» si bien ne la gardiez,

---

(33) Valbonnais, *Histoire du Dauphiné*, II, 18, note *B*.

» Garder ne la povez, si vous ne la savez,
» Savoer ne la povez, si vous ne l'entendez.

» Or sçai-je que plusieurs de vous n'en-
» tendent pas bien latin, auquel il fut
» chose nécessaire de la rieule entendre.
» Si ai ladite rieule translatée en français
» au mieux que j'ai pu et sçu ».

Il résulte de cette citation que le latin était à cette époque très-peu connu dans la France. Il devait l'être encore moins dans le Dauphiné, puisque dès 1297, des actes publics y étaient écrits en français : tel est le traité d'alliance conclu la même année entre Humbert Dauphin, Léonette de Gex et Guillaume de Joinville, contre Amédée, comte de Savoie (34). Il en était de même dans les diverses provinces de la France, toujours empressées d'imiter la cour, puisqu'à la cour on écrivait en français, et que c'est en français que Philippe-le-Bel annonça en 1297, à Humbert Dauphin de Viennois, la trève conclue à Tournay avec les Anglais (35). On ne doit

---

(34) *Ibid.*
(35) *Ibid.*

donc pas s'étonner que le latin fût oublié au quatorzième siècle; dans le quinzième on refit les traductions du treizième, et dès-lors le français fut la seule langue parlée. A cette époque les monumens s'accumulent pour constater l'état de la langue. L'imprimerie en a reproduit beaucoup; et l'on peut indiquer comme un ouvrage utile celui qui contiendrait des remarques bien faites sur les révolutions de la langue française, prises sur chacun des mots et des tours qui lui sont propres, en remontant de l'époque où les chefs-d'œuvres de nos grands classiques français l'ont élevée à ce degré de perfection qui en a fait la langue de presque toutes les cours de l'Europe, jusqu'au serment de Louis le germanique, le plus ancien monument connu de la langue gauloise, romane ou française; car ces trois langues ont une origine commune; et comme toutes celles qui ont été parlées et écrites, elles ont été d'abord dénuées de pureté et d'élégance, et ont dû leur perfectionnement successif aux bons écrivains qui s'en sont servis et qui les ont soumises à leur génie; tant il est vrai que le génie des bons écrivains influe nécessairement sur celui de leur langue en la façonnant à leur goût, et en autorisant de leur exemple des exceptions qui, sur leur autorité, deviennent ensuite des règles. Tel fut sur la langue gauloise, romane ou française, l'effet des ouvrages mis au jour dans les différens siècles; tel fut encore le résultat de l'emploi de cette langue perfectionnée dans les actes du gouvernement français. La langue romane fut polie et elle est enfin devenue la langue française du dix-huitième siècle.

Mais ces deux circonstances principales n'ont pas eu le même effet sur la langue parlée (36), et il a été moins sensible encore sur la langue d'une classe d'habitans

---

(36) Dans plusieurs provinces ces circonstances n'ont eu aucun effet sur la langue écrite. Nous citerons à ce sujet l'ancienne province de Béarn, où, dans le dix-huitième siècle, il a fallu faire imprimer en langue vulgaire les ordonnances sur le règlement et la direction de la justice. (Voyez le *Stil de la Justicy deu pays de Bearn*, par *Jérôme Dupoux*. A Pau, 1723, in-4°.)

de la France, à mesure que cette classe a eu moins de rapports avec les grands, les fonctionnaires publics, les auteurs ou les livres ; et tels sont en général les artisans qui n'ont besoin que de leur travail pour vivre, et les habitans de la campagne qui ne connaissent que ce qui les touche de près et qui s'imitent mutuellement. C'est surtout parmi le peuple des montagnes qu'un isolement constant entretient les anciennes habitudes de faits et d'idées, les préjugés comme les coutumes dues à des siècles de remarques et d'observations dont le principe est toujours le hasard. C'est la langue de ces classes nombreuses qui a été presqu'entièrement étrangère au perfectionnement de l'ensemble, et qui forme la langue vulgaire des provinces ; c'est à ces idiomes seulement que seront relatives les observations contenues dans la seconde partie de ce Mémoire ; et pour le renfermer dans ses bornes naturelles, nous ne parlerons plus que des idiomes vulgaires du département de l'Isère.

Nous les considérerons dans leur ensemble par rapport aux élémens qui les constituent, c'est-à-dire, le celtique, le grec et le latin. Après ces observations générales, nous examinerons ces idiomes par rapport aux divers cantons du département, et nous terminerons par l'indication des principaux ouvrages manuscrits ou imprimés qui nous restent en ces divers patois.

SECONDE PARTIE.

Nous avons établi ailleurs (38) comme un fait incontestable, que la partie du territoire de ce département située entre la rivière d'Isère et le fleuve du Rhône, appartenait aux Allobroges, et que toute la partie qui est sur la rive gauche de cette même rivière dépendait des Voconces. Mais les uns et les autres faisaient partie de la Gaule; leur langue était donc celle des peuples qui habitaient les autres parties de cette vaste contrée, c'est-à-dire le celtique. Nous sommes trop loin de ces temps, et depuis trop de peuples étrangers ont successivement habité ce pays, pour qu'on puisse se promettre de trouver encore aujourd'hui beaucoup de restes de son ancienne langue. Mais par cela même qu'on n'en trouve plus que

---

(38) *Antiquités de Grenoble*, page 15.

des traces fugitives, qui ne peuvent être reconnues qu'à l'aide d'un sage discernement dégagé de tout esprit de système, on doit les recueillir avec plus de soin. Espérons que ce que nous en dirons ici ne souffrira point de contestation; et par suite des mêmes principes qui nous ont guidés dans les recherches contenues dans la première partie de ce mémoire, nous ne prendrons nos exemples que parmi les mots qui ont dû être en usage dans tous les temps, parce qu'ils désignent des choses inséparables pour ainsi dire de l'existence de l'homme sur la terre (39). Ainsi les noms que conservent encore quelques phénomènes naturels ou météorologiques, ceux qui sont relatifs à la division du temps, ceux que portent diverses productions de la nature qui sont d'un usage journalier dans l'économie rurale et domestique, ceux de quelques us-

---

(39) Ce sont ces mêmes considérations qui ont déterminé le choix qu'a fait S. Ex. le ministre de l'intérieur de la parabole de l'Enfant prodigue, où tout est simple et naturel.

tensiles employés dans les arts et les métiers dont les produits fournissent aux premières commodités de la vie, les noms même de quelques étoiles et constellations connues et observées très-anciennement dans nos climats (40); telle est la série des noms qui peuvent donner des indications vraies dans des recherches de la nature de celles-ci, série dans laquelle

---

(40) On pourrait peut-être avoir une idée approximative des connaissances astronomiques des Gaulois, en recueillant dans divers départemens de la France et dans les campagnes, les noms des étoiles et des constellations qui y sont connues par tradition, et sous des noms qui n'ont aucun rapport avec l'astronomie moderne. On pourrait faire la même recherche relativement aux phases de la lune, aux noms qu'on leur donne, tel que celui de *Lune rousse*, à l'influence qu'on leur accorde à diverses époques de l'année, etc. On trouverait peu de choses sur le soleil, la facilité des observations ayant dû porter plutôt les observateurs à étudier la lune. Ce travail aurait souvent pour résultat les erreurs de l'astrologie; mais il nous semble qu'il y aurait quelque chose à gagner pour l'histoire des sciences.

nous prendrons les exemples que nous citerons (41).

Peut-être n'aurons-nous pas l'avantage de convaincre tous les lecteurs de la vérité des résultats que nous allons présenter, et nous convenons que la nomenclature de mots celtiques que nous offrirons à leur sagacité pourra d'autant plus facilement être attaquée, qu'il n'est pas mathématiquement possible de la justifier. Mais nous cherchons de bonne foi la vérité, et, dégagés de toute prévention, nous soumettons avec réserve notre opinion au jugement de ceux qui sont ou plus instruits ou plus heureux que nous.

Toutefois nous devons dire que dans le choix des mots que nous citerons, nous avons fait usage d'une règle qui nous a paru propre à nous rapprocher de la vé-

---

(41) Les noms propres de villes, bourgs et villages auraient pu nous fournir une longue liste de mots celtiques; mais nous avons cru qu'il suffisait de désigner ces noms à ceux qui desirent une série de mots plus nombreuse que celle que nous rapportons plus bas.

rité : ainsi lorsque nous avons été convaincus par des analyses soignées qu'un mot n'était évidemment ni latin, ni grec, ni français, et que sa racine n'appartenait à la langue d'aucun des peuples qui ont eu des rapports directs avec ceux de la Gaule, nous avons cru pouvoir tirer de cette épreuve une forte présomption qui nous a autorisés à classer ce mot parmi ceux qui nous restent de la langue des Allobroges et des Voconces, ou plus généralement de la langue des Gaulois. Nous avons regardé comme tels les mots suivans, et leur explication semble pour la plupart confirmer nos conjectures (42).

---

(42) *Barbazan* a dit : *Je soutiens qu'il ne nous reste de la langue des Celtes aucun vestige, aucun mot ; je ne parlerais pas avec autant de certitude si on me citait un seul mot dont il fût impossible de tirer l'origine du latin* (*FABLIAUX*, édit. de Méon, t. I, page 11). Mais que dirait *Barbazan* des mots que les auteurs latins nous ont conservés de la langue des Celtes, et qui se trouvent encore dans les langues vulgaires avec la même orthographe et la même acception ? Que dirait-il des mots qui composent cette première nomenclature ?

CELTIQUE.	FRANÇAIS.
Berlio,	*Colline.*
Brio,	*Chaussée*, dérivé de
Briva,	*Chemin.*
Eyssart,	*Lieu inculte et mauvais terrain.*
Lega,	*Lieue.*
Biga *et* Baga,	*Montagnards :* de là les *Bagaudæ*, troupe de paysans qui soutinrent une guerre dans les Gaules contre Maximian, qui les vainquit.
Bec, *qui, selon* Suétone, *avait en celtique la signification qu'on lui donne en français.*	
Garbe,	*Embonpoint*, d'où l'on fit *Galba*, nom que porta Sergius Galba à cause de son embonpoint.
Casnar, *qui, selon* Tacite, *signifiait chez les Gaulois* vieillard. *On a fait de là :*	

CELTIQUE.	FRANÇAIS.
Cagnard,	*Homme mou et sans vigueur comme un vieillard.*
Aysino,	*Tracassier.*
Aymo,	*Bon sens.* Il s'emploie toujours dans le sens privatif.
Basi de fan,	*Mort de faim.*
Baroufla,	*Figure refrognée.*
Baube,	*Figure pleureuse.*
Barouchi,	*Fantôme des champs.*
Caramantran,	*Corps décharné.*
Bageo,	*Sage par excellence.* Ce mot est le reste de celui d'*Embageo* que portait une classe de Druides.
Biffa,	*Ride du visage*, d'où l'on a fait *biffer*, *rayer*, *effacer*.
Eigagni,	*Rosée.*
Chancragni,	*Bourrasque d'hiver.*
Jeivri,	*Temps des frimats.*
Maujé,	*Mauvais temps.*
Lubac,	*Le nord.*
Droichi,	*Le midi.*
Bot,	*Crapaud*, d'où l'on a fait :
Boutiffla,	*Toupie.*

CELTIQUE.	FRANÇAIS.
Darbou,	*Taupe.*
Ego,	*Jument.*
Truyi,	*Truie.* C'est le nom que les Gaulois donnaient à une machine de guerre semblable au *bélier*, que les Latins nommaient *sues*, et en langue gauloise *truia*.
Bardana,	*Punaise.*
Beleau,	*Pou.*
Blanda,	*Chenille.*
Bacon,	*Porc.*
Argueu,	*Le serpent qui porte le nom de* orvet.
Lina,	*Braire.*
Chapla,	*Couper en morceaux.*
Chabouna,	*Finir, terminer.*
Bucla,	*Passer à la flamme du feu.*
Attaffeïer,	*Planter.*
Belluar.	*Guêtres.*
Braya,	*Haut-de-chausses.*
Spaso,	*Épée, de Spatha, nom gaulois selon Végèce.*
Teule,	*Brique.*
Peyssel,	*Echalas.*

CELTIQUE.	FRANÇAIS.
Benna,	*Vaisseau de bois.* Adopté dans la basse latinité.
Dailli,	*Faux.*
Feyclar,	*Entonnoir de tonneau.*
Etc. etc.	

Nous bornons là cette série, et l'on ne peut pas attendre que nous citions ici tous les mots des idiomes delphinaux qui nous ont paru appartenir à la langue des Celtes; une semblable nomenclature serait même déplacée dans ce mémoire, et nous croyons en avoir dit assez pour prouver, comme nous l'avons avancé dans la première partie de cet essai, que dans les idiomes vulgaires du département de l'Isère on reconnaît encore beaucoup de restes de l'ancienne langue des Allobroges; et c'est ici que nous devons faire remarquer que, quelque nombreuse que fut la série de mots reconnus celtiques parmi ceux qui composent les patois d'un département quel qu'il soit, et même de tous les départemens de la France méridionale, cette série serait toujours incomplète, parce qu'on s'est fait une habitude de dériver du latin les mots celtiques introduits dans la basse latinité, et qu'on a regardé comme de récente formation des mots français qui ne sont cependant que des mots celtiques francisés; de là il doit résulter nécessairement que les mots celtiques reconnus tels sont en très-petit nombre, puisqu'on ne prend pour celtiques que ceux qui, dédaignés par le latin et le français, n'ont pas été éteints dans ces deux langues pour y trouver une nouvelle vie, en perdant jusques au souvenir de leur origine.

Cette observation ne s'applique pas aux mots grecs conservés dans les idiomes du département de l'Isère. Il suffit en effet de prononcer ou de lire ces mots, pour reconnaître aussitôt un emprunt fait à la langue du peuple le plus poli de la terre, de ce peuple qui fut aussi supérieur aux modernes dans les beaux-arts et les ouvrages d'imagination, qu'il approcha peu des modernes et des anciens dans les sciences physiques et mathématiques, l'astronomie et la politique ; et par les anciens nous entendons parler, par rapport aux Grecs, des peuples contemporains de cette antique civilisation de l'Asie, qui devint l'héritage des Égyptiens et des Hindous, dont les monumens magnifiques, instructifs jusques dans leurs décombres, décèlent chez leurs auteurs autant de connaissances que ce qu'il y a de plus parfait chez les modernes. Mais il ne s'agit pas ici de la langue de ces peuples ; nous ne devons parler que de celle des Grecs, et de ce qu'en adoptèrent les Voconces et les Allobroges. Ces mots sont à-peu-près les mêmes chez ces deux peuples, et pour ne pas nous arrêter à prouver un fait qui n'est contesté par personne, nous indiquerons seulement les mots suivans comme empruntés du grec par nos idiomes vulgaires.

Béla. C'est le nom d'un petit bâton aigu par les deux bouts dont se servent les enfans qui jouent au martinet. Ce mot est dérivé de βέλος, dard, à cause de sa forme aiguë.

Bachelard, grand imbécile qui se met toujours en frais de sentimens auprès des femmes ; dérivé de βάκηλος qui, en grec, a la même signification.

Babouin, qui parle difficilement ; de βαμβαίνω, balbutier.

Cotouilli, vase destiné à contenir du vinaigre ou de l'huile ; dérivé de κοτύλη, qui a la même signification en grec.

Cara, visage, physionomie ; de κάρα, mot grec qui a la même acception.

Empura, faire brûler le bois au feu ; dérivé de ἐμπυρίζω.

Rabbata, se trémousser ; de ῥαβάττω, même signification.

Picote, mesure de vin ; de βίκος, vase, urne, etc.

Ce dernier mot est un de ceux qui se sont le mieux conservés dans nos idiomes, et on le trouve dans les plus anciens actes. Il a même donné lieu à une fausse correction proposée par l'abbé Lebeuf (43), qui rapporte dans son mémoire sur les Chroniques Martinienes un extrait des *Chroniques dalphinales* recueilli par Mamerot. Cet extrait annonce qu'une extrême abondance de vendange dans la

---

(43) Acad. des Belles-Lettres, xx. Mém. 243.

commune de Vif, près de Grenoble, y avait réduit, en 1385, le prix du vin à trois deniers la *picote*, et le savant académicien propose de lire *pinte* au lieu de *picote*, vraisemblablement parce qu'on ne dit pas *picote* à Paris ; d'où l'on peut conclure que, pour expliquer exactement les circonstances d'un événement, il est indispensable de connaître dans leurs détails la topographie et les usages particuliers du pays qui en a été le théâtre. Mais revenons aux recherches qui font le sujet de ce mémoire.

Nous arrivons à la troisième série des mots exotiques par lesquels s'est altérée la langue qui fut commune aux Allobroges et aux Voconces avant la conquête de leur pays par les Romains, et c'est dans la langue de ces mêmes Romains qu'est prise entièrement cette troisième série. Mais puisqu'on a cru jusqu'ici que tous les idiomes vulgaires dérivaient du latin, et qu'on ne l'a cru que parce qu'un grand nombre de mots de ces idiomes appartiennent évidemment au latin, nous sommes dispensés de rappeler ici les mots de cette nature qui font partie des idiomes vulgaires de notre département, et nous appliquons à un grand nombre de mots seulement tout ce qu'on a dit des idiomes eux-mêmes, lorsqu'on a soutenu que le latin était leur source commune. Nous croyons notre détermination justifiée par les discussions contenues dans la première partie de ces recherches. Nous ajouterons seulement que les traces de la langue latine sont les plus sensibles dans les formes, les principes et l'esprit des idiomes vulgaires, et que ces traces en forment la partie principale, celle autour de laquelle tous les autres élémens ne semblent que des accessoires. Nous reconnaissons par là dans toute sa plénitude l'influence de la langue des Romains sur celle de la Gaule soumise, et sur la langue des Voconces et des Allobroges en particulier. Nous citerons même comme une preuve de cette influence l'habitude qu'ont, dans le département de l'Isère, les habitans de la campagne qui se livrent à quelque trafic mercantile, et surtout ceux de la rive gauche de cette rivière, de se servir de préférence des chiffres romains, en laissant ceux que nous nommons improprement chiffres arabes à l'usage des villes et des personnes qui ont quelqu'instruction. Cette particularité nous a paru digne de remarque, et elle termine ce que nous avions à dire de l'influence du latin sur nos idiomes vulgaires, avant que de passer aux observations générales sur l'état de ces mêmes idiomes dans les divers cantons du département de l'Isère.

On ne doit pas s'attendre à trouver de grandes différences dans la langue écrite de ces cantons; on n'en remarque d'essentielles que dans l'accent particulier à chacun d'eux. Sans nous arrêter à ce qu'un voisinage mutuel leur donne de commun, nous indiquerons seulement les points extrêmes du département comme ceux qui peuvent fournir quelques observations résultantes de leur rapprochement. Ainsi le patois de l'extrémité nord de la vallée de Graisivaudan, située au N. E. de Grenoble, notamment celui du canton d'Allevard, a un caractère assez distinct pour mériter d'être remarqué; mais cette remarque lui donne une grande identité avec celui de la portion du département du Mont-Blanc voisine de ce canton : ils sont l'un et l'autre doux, d'une prononciation prompte et facile, résultat d'une exacte accentuation qui exclut toute syllabe muette ; on y remarque fréquemment cette modification de prononciation qui est un vice dans notre langue et qu'on désigne par le verbe *bléser*, modification dont les Grecs modernes se servent encore en prononçant le ϑ devant une voyelle, comme dans ϑελω, qui est commune à toutes les langues orientales, et qui ajoutait tant de charme aux discours du plus aimable des Athéniens, Alcibiade.

Dans les cantons de l'Oyzan et d'Entraygues, au S. E. de Grenoble, le langage est beaucoup plus lent; il manque en général de douceur et d'agrément ; ceux qui le parlent le font participer de leur lenteur d'action et d'idées. Il en résulte que le langage lui-même manque de figures; on n'y trouve que le mot pour la chose, et la chose qui n'est pas connue n'a pas de mot. Telle est l'influence qu'exerce sur sa langue un peuple sans vivacité et sans aisance au moral comme au physique. On peut en trouver la cause dans l'état du pays, coupé par des vallées profondes, couvert de hautes montagnes et où la nature avec quelques sites rians et pittoresques conserve toujours une physionomie sombre et sévère, et y porte quelquefois l'image du bouleversement et de la destruction.

Mais, dans les cantons de Mens et de l'ancien pays de Trièves, au sud de Grenoble, on commence à trouver la vivacité méridionale. Les départemens des Hautes-Alpes et de la Drôme limitrophes de ces cantons, leur ont communiqué leur accent et cette bruyante facilité d'expression qui ajoute à chaque idée un geste que soutient encore le ton élevé, quelquefois criard, du langage. Il en résulte que ce même langage est débarrassé des syllabes traînantes, des mots longs, et que, pressées par la rapide succession des idées, les phrases sont réduites au nombre de mots absolument nécessaire, et les mots eux-mêmes aux lettres indispensables. On peut vérifier ces faits par la simple comparaison des deux traductions de la parabole de l'Enfant prodigue en patois de l'Oyzan (44) et en patois du Trieves (45).

Cette influence de l'accent méridional se remarque encore dans les langages des autres cantons voisins de la rive gauche du Rhône. Ceux de ces cantons qui sont situés au nord-ouest du département de l'Isère, se ressentent en partie du voisinage de l'ancien Bugey, et l'on n'établit pas beaucoup de différence entre leur idiome et celui des cantons situés en face du Lyonnais, à l'ouest de Grenoble. Le langage des uns et des autres est un peu trainant et nasillard; il n'a pas même de caractère propre, cette partie du département étant celle où se trouvent le plus de villes et de bourgs considérables où l'on parle plus généralement français; il

---

(1) A l'Index, n°. 4.
(2) A l'Index, n°. 5.

en est de même de la partie sud-ouest du département voisin de celui de la Drôme.

Nous ne nous arrêtons pas aux cantons situés au centre ; on ne peut trouver dans leurs idiomes d'autres différences que celles de l'accent particulier presque à chacun d'eux : celui des environs de Voiron est lent et chantant dans ses finales.

A ces qualifications particulières nous ajouterons une observation générale ; c'est que les habitans des campagnes dans le département de l'Isère entendent en général le français, surtout dans les montagnes où les émigrations dont nous avons parlé plus haut le transportent avec les modiques bénéfices d'une louable industrie. Par-tout les propriétaires qui jouissent de quelque aisance le parlent d'une manière assez intelligible ; mais les termes gothiques de l'ancienne pratique, et dont le barreau français n'ose pas encore abandonner l'usage traditionnel, sont très-fréquens parmi ces individus, parce que, avant la révolution, lorsque les enfans avaient appris à lire et à écrire au village, et qu'ils avaient pendant un an ou deux mis au net des *exploits* et des *appointemens* chez un procureur au bailliage, leur éducation était faite, et ils retournaient à la charrue. Un bon système d'instruction publique peut seul désormais prévenir de semblables inconvéniens.

TROISIÈME PARTIE.

LITTÉRATURE DAUPHINOISE.

Quel que soit l'état actuel des idiomes vulgaires du département de l'Isère, l'esprit naturel à ses habitans a su les plier aux formes de l'éloquence et aux règles de la poésie. Dès le milieu du dix-septième siècle, une muse dauphinoise se montra pour la première fois sur le Parnasse, et sous les auspices d'Erato, les bergers des bords de l'Isère parlèrent dans des pastorales leur langue maternelle. Ce premier essai eut ensuite des imitateurs. Plusieurs ouvrages en langue vulgaire furent imprimés ; d'autres sont encore inédits ; un plus grand nombre est perdu. Un goût assez soutenu pour cette littérature indigène engagea même quelques personnes instruites à s'occuper d'ouvrages élémentaires pour en faciliter la connaissance : tel est le *Dictionnaire étymologique de la langue vulgaire qu'on parle dans le Dauphiné*, manuscrit inédit par lequel nous commencerons l'Essai sur la Littérature dauphinoise qui doit terminer ce Mémoire.

Ce *Dictionnaire* forme un volume de 404 pages grand in-8°.; il est autographe, d'une écriture assez belle et sans nom d'auteur; il contient un assez grand nombre d'articles pour le croire complet; des notes marginales et des additions servent encore à le rendre tel. On y trouve mêlés quelques cahiers d'un dictionnaire latin et d'un dictionnaire français, mais sans ordre ni suite. Considéré seulement comme lexique de l'idiome vulgaire de la langue dauphinoise, ce manuscrit offre un grand intérêt, et son auteur fait preuve de beaucoup d'érudition. Chaque mot, rangé par ordre alphabétique, est suivi de son étymologie recherchée dans les langues anciennes et modernes, telles que l'hébreu, le grec, le latin, l'italien, l'espagnol et l'allemand. Mais il nous semble que l'auteur, dans ses recherches étymologiques, a beaucoup trop accordé à la langue italienne, et qu'un mot expliqué par l'italien n'est pas pour cela expliqué, puisqu'il est vrai qu'à une époque peu éloignée de nous, l'italien, le provençal et l'espagnol ne formaient qu'une seule et même langue, qui fut la romane, comme on l'a souvent démontré, et comme le prouvent encore les rapports nombreux, nous dirons même l'identité de ces langues entre elles. Nous croyons devoir encore faire remarquer que dans ses étymologies latines, l'auteur a trop souvent usé des mots de la basse latinité, sans faire attention que cette basse latinité n'était elle-même qu'un mélange de mots gaulois ou celtiques latinisés, et de mots latins. Mais on ne doit pas se dissimuler toutes les difficultés qu'aurait présentées un semblable travail entrepris d'après le plan que ces deux observations indiquent. Elles n'ôtent rien d'ailleurs à l'intérêt de ce dictionnaire ; cet intérêt s'accroît même par le soin qu'a eu l'auteur de conserver dans son travail plusieurs fragmens de poésies dauphinoises qui sont perdues, et surtout d'ajouter à beaucoup de mots des notes très-précieuses pour l'histoire de ce département, puisqu'elles contiennent l'indication et l'explication d'un grand nombre d'usages, de coutumes, de jeux et de proverbes particuliers à notre pays. Ainsi il explique l'origine des pélerinages qu'on faisait autrefois à Saint-Egreve, près de Grenoble, pour la guérison de la goutte ; il démontre l'identité qui existe entre le jeu des noisettes connu en Dauphiné sous le nom de *Allen Jean* et le ἀρτιάζειν des Grecs ; et à propos du mot *bimbolà*, barriolé, il commente et éclaircit un passage grec de Codinus, *de officiis Constantinopolitanis* (46), relatif à la coutume qu'avaient les empereurs et les patriarches de Constantinople, de ne marcher en public que précédés de διβάμβουλον ou de μονοβάμβουλον, mots grecs sur l'explication desquels Ducange, Gretser et plusieurs autres commentateurs de Codinus différaient d'opinion, sans en avoir donné une de vraie.

---

(46) 77 et 85. *Editio Regia*. 1648.

L'auteur du dictionnaire prouve que ces mots indiquaient *un* ou *deux flambeaux*; en séparant d'abord μόνος et δίς, *un* et *deux*, il reste βάμβολος qu'il dérive de l'italien *Bambola* qui a fait *Binbola*, signifiant *de diverses couleurs*, parce que ces flambeaux étaient enfermés dans des lanternes attachées à des bâtons peints ou dorés en couleurs diverses; et ces mêmes lanternes étant fabriquées à Gênes et à Venise, on les adopta à Constantinople avec le nom italien. L'auteur a aussi consacré une page à l'éclaircissement de l'usage des *Bordalunéïri*, espèces de brandons qu'on allume à la campagne à diverses époques.

Nous bornerons là ces indications; elles suffisent pour prouver que l'auteur du dictionnaire manuscrit dont il est question a apporté beaucoup de soins dans la rédaction de cet ouvrage, et nous croyons faire plaisir à nos lecteurs en en publiant un court extrait relatif à plusieurs anciens usages du ci-devant Dauphiné (47).

---

(47) *Voy.* l'Appendix, nos 6 et 7.

Mais cet auteur ayant gardé l'anonyme, nous ne pouvons réunir sur lui que des conjectures : elles sont telles cependant que nous croyons pouvoir avancer que *Nicolas Charbot*, avocat à Grenoble, est l'auteur de ce dictionnaire. La première indication nous a été fournie par un passage d'une brochure *in*-4°. publiée en 1774 par l'abbé *Gras Duvillard*, chanoine de l'église Saint-André de Grenoble. Il dit dans une note, page 15, que *l'avocat Charbot a fait un dictionnaire étymologique du patois de Grenoble.* A ce rapport ajoutons, 1°. qu'il existe une histoire de la ville de Grenoble, manuscrit inédit (48), dont le même Charbot est l'auteur; 2°. que l'écriture de ce second manuscrit ressemble beaucoup à celle du dictionnaire. Nous pouvons donc conclure de ce que nous venons de dire, que c'est à ce même *Charbot* qu'est dû le dictionnaire

---

(48) M. J. C. Martin a fait usage de ce manuscrit dans ses notes de l'Histoire du Baron des Adrets. Voyez ce que j'en ai dit dans la préface de mes *Antiquités de Grenoble*, p. IX.

étymologique de la langue vulgaire qu'on parle en Dauphiné (49).

Cet ouvrage m'a fourni quelques secours pour ce travail, et j'y ai puisé plusieurs des mots qui forment les deux séries qu'on a déjà lues ci-dessus. L'impression de ce dictionnaire ne pourrait qu'être bien accueillie dans un moment où l'attention du gouvernement et celle des savans se fixent sur les idiomes vulgaires; ceux du département de l'Isère y gagneraient en particulier, et ce serait un moyen de plus pour la lecture des ouvrages qui composent la littérature dauphinoise.

Les premiers essais datent du commencement du dix-septième siècle. Parmi les pièces qui ont resté, une des plus anciennes est *la pastorale de la constance de Philin et Margoton*, par *Jean Millet*, imprimée *à Grenoble par Edouard Ra-*

---

(49) Ce manuscrit appartient à M. Dubouchage, préfet du département des Alpes-maritimes et correspondant de l'Académie de Grenoble.

ban, demeurant à la place Saint-André, près la porte du palais, à l'enseigne du navire, en 1635, in-4°.

Margoton, par reconnaissance, répond à la tendresse du berger Philin; Pierrot, par jalousie, cherche à traverser leurs amours. Une belle dame s'est éprise de Philin; dédaignée, elle veut se faire venger par un fat savoyard qui ne fait que des maladresses. Le juge du lieu, surpris par les faux rapports de *la dame* (elle n'a pas d'autre nom dans la pièce), fait conduire Philin en prison. Mais Pierrot, revenu à des sentimens plus généreux, parvient à approcher le roi qui passait en Dauphiné; il lui raconte les aventures de Philin, et obtient sa liberté. Philin est aussitôt uni à Margoton, après avoir vaincu la résistance que lui avaient jusque-là opposée les parens de celle-ci. Cette pastorale en cinq actes est dédiée au comte de Sault; elle est précédée d'un prologue de soixante-dix-sept strophes de quatre vers, récité par la nymphe de Grenoble à la louange du comte et de la comtesse.

A la première scène, Margoton seule a

devancé l'aurore et Philin aux pâturages, et apercevant la première lueur du jour, elle dit :

La not malencontrousa, eibruda du levan ;
Sauve se ratapene et sou leidou chavan.
L'auba ploure de joey ; toutte le flou i moille,
Et per les eissuyé lo solei se deipoille
De l'aiga de la mer et de tout lou brouillat.
Lous uzeu deigourdi font branda lou foillat,
Et sorton en chantant du fon de lour cachette
U brut que mous agneu font avec lour clochette.

Ce tableau fidèle du point du jour est rempli de naïveté, et les idées qu'il renferme sont bien celles d'une bergère qui ne connaît que les champs. Le langage affecté de la dame, et le jargon recherché du savoyard, contrastent singulièrement avec cette naïveté, et pas une de leurs fades comparaisons n'approche de la justesse de celle que le père de Margoton fait de l'honneur avec un miroir.

MARGOTON.

A l'apréhention mon esprit ne s'attache,
Me sintant l'hounou net comme un miray sen
    tache.

DIGUO.

Lo moindre souflo rend lo miray tout pani,
Ainsi et de l'hounou: la moindra vilani,
Lo moindre mauvey ven que lui soufleise contra,
Rend leida sa verrina et sa plu belle montra.
La filli, ben qui set sagi, ver lou garçon
U moindre eycart qui pren, engendre lo soupçon,
Soupçon qui, à la fin, se convertit en blasmo.

Cette digression sur l'honneur est terminée par l'ordre que donne Diguo à sa fille Margoton de ne pas écouter Philin. Margoton veut justifier ainsi son amour aux yeux de son père:

Phlin, lo plus genti de tou lous Allobrogeo,
Qui at les action reigley comme un relogeo,
Et contra qui à tort vos etes ombrageou,
Contra mous ennemi s'eit montra courageou:
Car quand nostrou vergié, boey, pra et paysageo
Serviron u soudar de malheyrou passageo,
Trey vilain affama, comme lou charoupié,
S'eyforçant de ravi à la terra mou pié,
Affin de me rafla la flou que je conservo;
Ceu bergie, contra qui vo volé que j'observo
Vostrou commandamen, du boey lo plu claffi
Accourut u premie ey ciclo que je fi:
Aussito à gran coup qu'ù fi plourre sur ello
Sa valou me rendit l'officio d'un fidello;

Car mougra lours eypeye eilli me deilivrit.
Adon de son amour ma rayson s'enyvrit.

Telle est la circonstance qui a rapproché Philin et Margoton. Les parens de celle-ci s'appaisent, et Philin reçoit le prix de son courage. La dame conte sa peine aux vents, et le chevalier savoyard vole à d'autres aventures. Ces deux derniers personnages parlent en français. Le langage du chevalier a été à moitié travesti à dessein par l'auteur; mais celui de la dame l'est aussi sans qu'il s'en doute. Cette partie française de la pastorale de Philin manque entièrement de goût et de poésie; elle n'est pas à la hauteur des plus médiocres pièces que le Parnasse français avait déjà vu éclore.

Dans le dernier ouvrage de Jean Millet, plusieurs de ses personnages parlent aussi français; il le publia en 1665, sous ce titre: *la Bourgeoisie de Grenoble, comédie en cinq actes. A Grenoble, chez Philippe Charvis;* 145 *pages in*-8º. Cette pièce fut composée pour célébrer la prise de possession du gouvernement du Dauphiné par

M. le comte de Sault. Dans un long prologue, la fée de la Bastille de Grenoble complimente le comte sur ses talens, sa réputation et celle de ses ancêtres. Ce prologue précède la pièce dont les personnages sont *Marciane*, veuve; *Diane*, sa fille; *Rochimon*, veuf; *Cassore*, son fils; *Florinde*, nièce de Rochimon; *Bergame*, fils de Gautier, avocat; *Trottin*, procureur; *Valleton*, huissier; *Barbansonne*, *Guillomelle et Gazette*, trois fées; *Pacine*, déesse de la paix; *Garbarin*, meunier; un *lutin*, Gautier et trois sergens. Il s'agit d'amour, de mariage, et, comme dans toutes les comédies et trop souvent dans le monde, les vieux ont des prétentions ridicules, les jeunes de la malice, les jaloux de la méchanceté; les uns font des sottises, les autres des étourderies, ceux-ci des bassesses; les vieux se fâchent, les amans se désespèrent, les méchans triomphent un moment; on se brouille, on crie, on va se battre; mais les trois fées accourent, et par les effets de leur bienfaisante baguette, ramènent l'ordre, la paix et le bonheur : la pièce se termine par trois mariages.

La longueur des détails et la complication de l'intrigue qu'il est si facile de nouer et de dénouer au moyen des féeries (tant il est vrai qu'un des caractères de la bonne comédie est de montrer le monde tel qu'il est), m'ont décidé à ne donner qu'un léger aperçu de *la Bourgeoisie de Grenoble*, qui n'est pas la meilleure production de son auteur. Ses personnages les plus marquans parlent français ; mais l'auteur n'est pas très-heureux en ce genre ; il le fut encore moins dans son essai, dont je n'ai pas parlé jusqu'ici, quoiqu'en interrompant l'ordre de la publication de ses trois ouvrages, à cause de la longueur et de l'intérêt piquant du sujet.

Cette première pièce de Jean Millet est intitulée : *Pastorale et tragi-comédie de Janin;* elle avait été imprimée *à Grenoble par* Richard Colson, en 1633, *in-*4°. Elle fut le premier essai de Jean Millet, et elle a eu un succès constant, non pas au théâtre, quoiqu'elle y ait paru, mais parmi les littérateurs et les amateurs de nos hameaux, pour qui il a fallu en faire quatre éditions successives et quelques contre-façons. Cette pièce mérite jusqu'à un certain point cet honneur que n'obtiennent pas tous les bons ouvrages; le sujet semble le justifier aux yeux de ses lecteurs ordinaires.

L'indiscrétion de Janin le brouille avec Lhauda, sa bergère. Amidor est très-à-propos conduit auprès d'elle par le hasard et il en devient amoureux. Lhauda répond à son empressement et lui engage sa foi. De là, grande discussion entre la mère de Lhauda, qui est flatée des assiduités d'Amidor, et le père Piéro qui préfère Janin. De là aussi grande jalousie de Janin, qui ne néglige rien pour traverser les amours d'Amidor et de Lhauda, et qui, après avoir employé les menaces et fait usage contre eux de sa longue fronde, va implorer la puissance d'une sorcière du voisinage; il en emprunte un flageolet qui fait danser tous ceux qui l'entendent, et il obtient d'elle les moyens de *nouer l'aiguillette* des deux amans lorsque le prêtre leur donnera la bénédiction nuptiale. Mais le déguisement d'Amidor, l'entêtement de la mère *Thievena*, la persévérance de Lhauda, les clameurs des commères du voisinage et la prompte célébration des noces décident le consentement de Piéro, préviennent les effets du sortilége, font le bonheur des deux amans qui sont unis, et le malheur de Janin qui se précipite du haut d'un rocher.

De semblables compositions ne peuvent être jugées que dans les détails, et la pastorale de Janin en offre d'intéressans sous le rapport des idées, des situations, et de la manière dont elles sont exprimées.

Janin se plaint de la réserve de Lhauda, et pour l'engager à l'aimer, il lui cite l'exemple de sa mère qui a aimé et qui devrait en donner le conseil à sa fille.

I te det commanda d'imitta lou colom
Qui l'amour bec à bec pratiquon tout deulon.

LHAUDA.

Mais plusto d'imita la luna blanchinella
Qui fat en cheminant contr' amour sentinella,

Car i ne leisse pas s'approchié lu soleil,
Inco que jour et not u rode u tour de ley.

JANIN.

Voudria-tu que de même u tour je te rodisso
Et que sen te touchié de près je te perdisso.

LHAUDA.

Je voudrin ne jamey nos aprochié plus près
Que le roue d'un char qui se couron après
Sen pouvey s'attrappa, qui jamey ne s'abordon,
Et qui pas moins en tout ce qu'elle font s'accordon.

On ne peut pas refuser à ce dialogue de la grace et de l'ingénuité ; les bergers ne sauraient mieux parler, si cependant ce n'est pas là trop d'esprit pour des bergers. Lhauda est moins relevée dans son dépit contre ses parens, qui, à son avis, tardent trop de la marier.

J'ai quinze ans sur le coste, et quand je dirin seize,
Je ne mentirin pas, car seu nassa lo treize
Du mey que l'on entend chanta lo rossignou.
J'ai doncqua prou de tem, de par nostro seignou.
Que volonti donq fare, attendre ma trantana ?
Ha je ne volo pas qu'u me gardon per grana ;
Lo premié qui vindrat, ma qu'u set à mou gra,
Sarat ceut que m'ara ; autramen per lou pra

Je farei per deipit izela nostre boyé ;
J'uvrirai lo jardin à toutte nostre troye ;
Je ne passarey reu lo lacet u colou ;
Je leissirey migié nostrou mouton u lou ;
A tout nostrou toreu j'outaray le sonaille ;
Je leissirey mouri de sey nostre polaille ;
J'oustarey tou lo not l'ano du ratelié ;
Je farey barrula tout per lous echalié ;
J'eycarabossiray totta nostra vaissella ;
Je frandeïrey tout, jusqu'à la moindra sella,
Les ole, lou peiret, lou pot ; j'eiclaparai
Nostrou veiro, et tout ce que j'attraparay ;
J'aitraissiray lo fi ; j'aiguirirey lo lingeo ;
Enfin je lour farey mey de ma qu'un vieu cingeo.

Assurément voilà toute l'encyclopédie d'une villageoise, voilà aussi l'indication de tout le mal dont elle est capable. Ce morceau peut faire apprécier le talent de l'auteur, et il n'y a pas une idée de Lhauda qui ne vînt à la tête d'une bergère de seize ans courroucée d'être encore fille.

Le désespoir de Janin à la nouvelle du mariage de Lhauda, est un des meilleurs morceaux de la pièce. Après avoir maudit en détail les habitans de plus de soixante villages des environs de Grenoble, à chacun desquels il donne une épithète qui a passé en proverbe, son désespoir s'accroît, son imagination s'égare, et dans l'excès de sa douleur il est déjà transporté dans un autre monde :

Courageo, lon verra bientôt me funeraille;
J'intendo croaqua lou courbat et le graille;
Ah! je veyo virié lous abro d'alentour;
La terra dessout mi fat un million de tour;
Je veyo que lo ciel tombe dessu le roche,
Je veyo que su mi la rochi se deiroche.
Que je veyo de gen qui de l'air sont tomba;
Comme d'eitelo u ciel tout tralut iqui ba.
Sont to d'ange ou que sont?

Il se calme ensuite, et se livrant à tout l'excès de son amour, son dernier souvenir est encore pour son infidèle.

. . . . Adieu mondo perver,
Mondo qu'at la conscienci et l'arma de traver;
Adieu maudit paï que l'Izera partage,
Coulan ainsi que fan la serpen din les age.
Adieu gentie tropel, que j'ay bien perbocha,
. . . . Adieu Lhauda,
Adieu a tout jamey, volagi sen cervella,
Tu n'aures de ma mort ni de mon corp nouvella.

Ainsi finit Janin; ainsi finit la pastorale

et tragi-comédie dont son amour est le sujet.

Par l'aperçu que nous avons donné et du sujet et de la manière dont il a été traité, on peut pressentir les causes de l'espèce de célébrité dont jouit cette pièce connue vulgairement sous le nom de *la Lhauda*. Il n'y a point de doute que cette célébrité ne s'accroisse encore, surtout si ce que l'on raconte acquiert un certain degré de vraisemblance historique. Dans ce cas il faudra voir dans la *Lhauda* une de ces femmes qui, par leur beauté, par les agrémens de leur esprit, la délicatesse de leurs sentimens, la supériorité de leurs idées, ou par leur amabilité, font oublier les haillons de leur enfance, et ne font qu'un pas de leur chaume rustique sous les lambris des palais; de ces femmes aux pieds desquelles la fortune semble jeter les rois et les couronnes. Voici ce qu'une note manuscrite et diverses recherches que j'ai faites m'ont fourni sur *la Lhauda* et le sujet de cette pièce.

Claudine Mignot, appelée dans son

village *la Lhauda*, fille d'une herbière du Bachet, près de Meylan, à une lieue de Grenoble, fut, encore très-jeune, le sujet des empressemens du secrétaire de M. d'Amblérieux, trésorier de la province de Dauphiné. Le jour fixé pour les fiançailles, étant auprès de son amant, elle laissa échapper un de ces vents qui choquent en même temps le nez, l'oreille et la bienséance. Le secrétaire offensé se retira, et le projet de mariage fut rompu.

Quelques mois après, le secrétaire s'humanisant, demanda le consentement de M. d'Amblérieux à ce mariage : il l'obtint avec la permission de lui présenter sa fiancée, et l'offre de faire les frais de la noce.

M. d'Amblérieux, vieux garçon, possédait à Saint-Mury, commune de Meylan, un domaine où il se rendit et où il vit Claudine Mignot. Il en fut si charmé, et d'abord si épris, qu'il songea aussitôt à éloigner son secrétaire. Il lui donna des commissions pressantes pour Grenoble, chargea ses amis de l'y retenir pendant quelques jours, et pour s'assurer de cette conquête, forcé de parler mariage, il envoia le soir même demander à M. Scarron, évêque de Grenoble, trois dispences de publication de bans, épousa la Mignot, et congédia ensuite son secrétaire avec de l'argent.

Ce sont là les trois principaux personnages de la pièce, le secrétaire sous le nom de *Janin*, le trésorier sous celui du *Gentilhomme*, et la *Lhauda* elle-même.

Ce mariage, duquel naquirent deux filles qui ne vécurent pas long-temps, brouilla M. d'Amblérieux avec sa famille. Ce fut pour lui une raison de plus qui l'engagea à instituer son épouse son héritière universelle. Après la mort de M. d'Amblérieux, son testament fut attaqué par sa famille. La Mignot alla elle-même à Paris, en 1658, solliciter un arrêt d'évocation; elle réclama la protection du maréchal de l'Hôpital, âgé de soixante-quinze ans et veuf depuis 1651. Le maréchal la vit, l'aima et l'épousa dans la même semaine; il vécut deux ans avec elle, et en mourant il lui fit autant de bien qu'il le put. Après quelques années d'un second veuvage, la Mignot eut l'occasion d'être connue de Jean Casimir II, roi de Pologne, qui avait été successivement jésuite, cardinal et roi, et qui, charmé de la veuve du maréchal de l'Hôpital, l'aima et l'épousa presque aussitôt qu'il l'eut vue. Cette dernière circonstance est différemment racontée par l'auteur de la note dont j'ai parlé plus haut, et par madame Dunoyer dans ses lettres historiques et galantes, le seul écrivain qui ait fait mention de Claudine Mignot. L'auteur de la note prétend que la veuve du maréchal se rendit en Pologne pour obtenir la permission de vendre des biens que le maréchal lui avait légués. Madame Dunoyer assure, au contraire, que cette veuve avait été ruinée par son mari, et qu'elle fut connue par Casimir, lorsqu'après avoir abdiqué la couronne, il se rendit en France, où il obtint de Louis XIV les abbayes de Saint-Germain des Prés de Paris, et de Saint-Martin de Nevers. Ce dernier rapport mérite beaucoup plus de confiance que le premier, puisque

1°. Jean Casimir avait été marié à Marie de Conzague, veuve de son prédécesseur, et qu'elle ne mourut que très-peu de temps avant l'abdication de Casimir ; 2°. que les historiens de Pologne ne disent pas que ce roi ait été marié deux fois ; 3°. que le maréchal de l'Hôpital étant mort en 1660, âgé de soixante-dix-sept ans, le second veuvage de Claudine Mignot et ses liaisons avec le roi de Pologne, coïncident avec le séjour de celui-ci en France, après son abdication qui eut lieu en 1667. Disons donc avec madame Dunoyer, que la veuve du maréchal de l'Hôpital connut Casimir II à Paris, et qu'alors elle n'avait plus rien à elle, si ce n'est l'honneur d'être la veuve d'un maréchal de France. Madame Dunoyer ajoute : « Elle avait encore le se-
» cours de ses attraits pour acquérir de
» la fortune, et ils lui valurent la con-
» quête de Casimir, roi de Pologne, qui,
» après avoir abdiqué la couronne, vint se
» retirer ici (à Paris), où le roi lui donna
» l'abbaye de Saint-Germain des Prés.
» Ce roi dépouillé, charmé des agré-

» mens de la Maréchale, se donna à
» elle; et quoiqu'il se fût fait de l'église,
» comme il n'est point de loi dont les sou-
» verains ne prétendent pouvoir se dis-
» penser, il l'épousa secrètement, mais
» non pas assez secrètement pour que
» la dame n'ait pu le faire savoir; il lui a
» même fait tout le bien qu'il a pu en
» mourant (en 1672). Elle n'est pour-
» tant pas si riche qu'elle l'était après la
» mort de son vieux conseiller; mais
» aussi elle est veuve d'un roi, et c'est
» monter bien haut pour sortir d'un en-
» droit si bas. Je ne sais si ce que je vous
» dis là se trouvera conforme à ce
» qu'on vous a conté; c'est pourtant ici
» la véritable histoire de la maréchale de
» l'Hôpital. J'étais chez mademoiselle
» d'Aleirac avec elle, et je remarquai
» qu'en parlant du roi Casimir, elle dit
» toujours le *Roi Monseigneur*, pour
» faire voir par là qu'il était son époux.
» Elle est bien aise que personne ne
» l'ignore; mais il ne lui est pas permis
» de prendre la qualité de reine, qu'elle
» ne pourrait pas non plus soutenir ».

Ces détails font connaître la veuve du Maréchal d'une manière assez particulière ; et nous devons dire encore, d'après madame Dunoyer, « que dès » qu'elle fut l'épouse du Trésorier, elle » prit des manières convenables à son » rang, et travailla à acquérir, à force » de soin, ce que sa naissance et son » éducation n'avaient pu lui donner. » Elle eut toutes sortes de maîtres ; elle » apprit toutes les sciences, et elle em- » ploya à se former l'esprit tout le temps » qu'elle fut auprès de ce vieux mari ». Ajoutons, d'après l'auteur de la note manuscrite, que la Mignot avait les traits beaux et réguliers, un peu d'embonpoint, un air modeste et décent, et qu'elle remplaçait l'esprit par beaucoup d'amabilité. Telle fut la Lhauda, telles sont les circonstances de sa vie. Nous ne nous arrêterons pas à quelques différences qui se trouvent dans le récit de madame Dunoyer ; l'ouvrage de cette dame est entre les mains de tout le monde, et de ce que nous avons dit nous tirerons cette conséquence, que la *pastorale* de Jean

Millet précéda la haute fortune de son héroïne. La première édition date en effet de 1633, et en considérant qu'en 1668, la Lhauda avait encore assez d'attraits pour captiver un monarque, on prouve sans peine qu'en 1633 elle n'était encore que madame d'Amblérieux.

Si nous avons insisté sur les particularités de sa vie, peut-être les détails piquans que nous avons rapportés nous serviront-ils d'excuse; toutefois nous n'avons pas dû oublier que l'histoire de la Lhauda est aussi peu connue dans le pays qui l'a vu naître que par-tout ailleurs, et il nous a paru intéressant de pouvoir fixer l'opinion publique sur tout ce qui lui est relatif. Nous y avons été conduits par l'analyse de la *pastorale* de Jean Millet.

On ne connaît aucune autre pièce du même auteur, si ce n'est quelques chançons; et le volume imprimé sous le titre de *Recueil de diverses pièces faites à l'antien* (sic) *langage de Grenoble, par les plus beaux esprits de ce temps-là*, Grenoble, Charvys, 1662, 74 pages *in*-12, ne contient que des pièces anonymes au nombre de quatre. La première, *lo Banquet de le Faye*, le Banquet des Fées, contient des détails intéressans sur le pouvoir qu'on accordait aux fées dans le dix-septième siècle, et c'est là un reste traditionnel des croyances qui se rattachent à l'aurore des connaissances exactes, et à l'époque des premiers développemens de l'esprit humain, en Dauphiné surtout où la nature offrait tant de retraites aux génies, tant de grottes aux fées, et où l'illustre Mélusine, après avoir abandonné les plaines des Pictons, trouva une demeure digne de son rang et de son nom. On nous permettra de citer à ce sujet un passage d'un des meilleurs poëtes latins du Dauphiné, Salvaing de Boissieu, qui, dans sa quatrième Silve, s'exprime ainsi :

Luzinianæos postquam Meluzina Penates,
Indignata viro, colubri sub imagine, linquit;
Extremumque vale dixit Pictonibus oris,
Mente diu fluitans hæsit quò flecteret alas,
Quæ plaga susciperet profugam....
Dùmque vaga centum meditatur mente recessus,

Vipereos canas oculos convertit in Alpes,
Et subitò levibus vacuum secat aëra pennis.
.... Alpinos tractus Melusina volatu
Attigit, abruptis quò Sassenagia rupes
Horrescit scopulis et vertice fertur ad auras.
Hìc specus immani sese diffundit hiatu,
Undè ruit præceps ingenti gurgite rivus,
Et rauco faciles invitat murmure somnos.

 Tel est le séjour que Mélusine choisit pour sa retraite, et d'où elle exerça son active influence sur les habitans des bords du Drac et de l'Isère. La plus directe fut celle qui frappa leur esprit : aussi retrouvait-on Mélusine dans tout ce qui leur était relatif; son histoire fut souvent le sujet des chants des poëtes dauphinois. On en trouve plusieurs circonstances dans la première pièce du recueil que nous venons de citer.

 La seconde, qui ne manque pas d'esprit, est intitulée *la Vieutenanci du Courtisan ;* elle présente un tableau piquant de la vie du courtisan. Ce tableau sera toujours pour lui un portrait où il pourra se reconnaître. Les deux dernières pièces sont d'assez bonnes satires des travers de ces temps là, qui sont aussi ceux de nos jours.

Lo Dialogo de le Quatro Comare, publié postérieurement au recueil, a le même but. Après cette pièce se place chronologiquement une *Epître en vers en langage vulgaire de Grenoble, sur les réjouissances qu'on y a faites pour la naissance de monseigneur le Dauphin*, à Mademoiselle ✱✱✱. — (Grenoble, Faure, 1729; vingt-deux pages *in-*4°.) : l'auteur en est inconnu. Cette pièce étant oubliée, nous croyons devoir la publier (50); on y remarquera la description de l'ordre et de la marche d'une procession générale, et le récit poétique d'un accident qui éteignit presque subitement l'illumination entière de la ville. Cette pièce est une des meilleures de notre littérature indigène.

Après elle viennent celles dont les inondations qui désolèrent la ville de Grenoble le 15 septembre 1733 et le 20 décembre 1740, sont le sujet. La première est inti-

---

(50) A l'Appendix, n° 8.

tulée : *Grenoblo Malhérou ;* et la seconde : *Coupi de la Lettera u sujet de l'inondation*, l'une et l'autre imprimées in-4°, l'une et l'autre du même auteur, qui a su y répandre un intérêt soutenu par une grande facilité de composition, et par un bon choix de détails et d'expressions assaisonnés d'un peu de critique. L'auteur s'est fait connaître dans ces deux derniers vers de la seconde pièce :

Adieu sias, faites dire una bonna oraison
Per Blanc, dit la Goutta, de placi Clavayson.

Ce *Blanc la Goutte*, mort depuis plusieurs années, a laissé parmi ceux qui l'ont connu une réputation que ses saillies, ses bons mots, son humeur joviale et sa gaieté constante au milieu de ses infirmités lui conserveront long-temps encore. Au reste ses deux pièces patoises sont de beaucoup supérieures, sous tous les rapports, à celles qui viennent d'être publiées par un anonyme dans un recueil de 40 pages in-8°. Il se compose de pièces en vers et en prose qui manquent en général leur but, et qui ne laissent supposer à leur auteur ni esprit, ni verve poétique, ni connaissance des règles de la grammaire et de la poésie, rien enfin de ce qui constitue un talent naturel et cultivé. Quelques pièces ont eu le mérite de l'à-propos, mais dans un temps déjà loin de nous, et c'est un malheur de plus pour l'auteur.

Parmi les pièces manuscrites, nous avons choisi le noël qui est à l'Appendix sous le n° 9 ; cette pièce nous a paru une des meilleures parmi celles du dernier siècle. La révolution en avait fait éclore quelques-unes qui sont perdues, et de nos jours les compositions de ce genre sont entièrement négligées ; ce qui m'a engagé à réunir dans l'Appendix de cet Essai quelques-unes de celles que mes recherches m'ont procurées.

Le goût et l'étude de la langue française sont si généralement répandus, que l'on ne doit pas être étonné que les littératures vulgaires soient aujourd'hui presque généralement négligées. La littérature dauphinoise a eu ses beaux jours, mais jamais de réputation. Avait-on assez fait pour la lui acquérir ? Je ne me permettrai pas de décider cette question. Le passé en fournit les moyens à ceux qui prennent encore quelqu'intérêt à ces productions auxquelles l'avenir ne promet que le dédain et l'oubli. Heureux si j'ai réussi à les y arracher pour quelques momens encore !

APPENDIX.

Cet Appendix contient plusieurs pièces de vers et des extraits de manuscrits anciens en prose et en vers, inédits et écrits en patois de divers cantons. La plupart de ces morceaux sont indiqués dans la première et la seconde partie de ce mémoire, et tous doivent lui servir de pièces justificatives. On en remarquera plusieurs qui ne sont pas connus et qui n'ont jamais été publiés. La traduction de la parabole de l'Enfant prodigue en langue vaudoise mérite particulièrement d'être citée, les écrits de ce genre étant extrêmement rares; ce qui m'a décidé à joindre ce fragment à cet appendix. Il contient aussi quelques passages du dictionnaire manuscrit du patois de Grenoble; ils m'ont paru intéressans, puisqu'ils rappellent d'anciens usages dont la plupart sont perdus, dont quelques-uns sont encore conservés dans les montagnes; ils servent d'ailleurs à en expliquer le motif et l'origine. Il est curieux et intéressant de suivre l'esprit humain dans ses développemens successifs ; et en le considérant tel qu'il était lorsque, encore enveloppé des langes de la barbarie, la superstition et l'erreur l'éclairaient de leur fanal trompeur, on apprécie mieux ses progrès, et on sent mieux aussi tout ce que l'on doit aux sciences et à la philosophie.

On trouvera encore à l'Appendix deux Chansons en patois de Grenoble, et un Vocabulaire des mots patois les plus difficiles à connaître, avec leur explication.

Sous le n° XI sont placés le Serment de Louis de Germanie et celui des seigneurs français, l'un et l'autre en langue romane, l'un et l'autre accompagnés d'observations qui font mieux connaître ces deux précieux fragmens de notre ancienne littérature.

N° I.

PATOIS DE GRENOBLE.

Cette pièce de vers est de *Blanc* dit *la Goutte*, auteur de *Grenoblo Malherou*. Elle est extraite des Recueils de la Bibliothèque de Grenoble, et est inconnue parce qu'elle n'a eu qu'une seule édition.

Coupi de la Lettra ecrita per Blanc dit la Goutta à un de sos Amis u sujet de l'Inondation arriva à Garnoblo la veille de Saint Thomas, 20. Décembro 1740.

Je profito, Monsieur, de cetta occasion,
Per dire qu'auquaren de l'inondation
Qu'at, dit-on, fat merier dedin vôtron Garnoblo
Lo Prêtre, l'Artizan, lo Bourgeois et lo Noblo;
(Que je n'appello plus Garnoblo Malherou (A),
Puis qu'ul est devenu per lo pouro un Perou,
Qu'il at migeat de chair son saoû cettes fêtes,
Et qu'il at oubliat le pertes qu'il at faites).

(A) L'Auteur fait ici allusion à une pièce de vers qu'il avait précédemment publiée sous ce titre.

Ne faut plaindre eujourdheu que los marchands
 grossiers,
Los marris tesserants avey los epiciers:
Los pouros, est ben vray, perdont tous lor manléva;
Mais qu'èto que lor bien, un tupin, una ecuella,
De pailli una fourcha per couchier sans lincieu;
La plus granda partià n'at pa né de crusieu;
Tout lor habit consiste en qu'auque serpeléri,
Que pendolet souvent jusque à la jarretéri;
On vat los habiller de sarges, de sardis,
Il saront plus contens que Saints de Paradis.
Mais comma tout ceu bien ne vint qu'après
 l'aygageo,
Me faut donc commencier à parla du damageo;
Je ne marquaray pas ni lo temps, ni los jours,
Parce qu'icy lo temps recommence toujours :
Que qu'en set, est venu sçay qu'un Drolo en
 galoches,
Vêtu d'un grand gillet que n'ayet point de poches,
Que croisavet devant à dous rangs de boutons,
Ses Brayes descendiont jusqu'à sus sos talons.
Je devinis dabort à ceu bravo equipageo,
Qu'èret un marinier de notron veysinageo :
Il informe en intrant Monsieur notron Griffier
De son nom et surnom, de son ageo et mêtier,
Ensuita dous Soudars lo menont à la porta
De l'endret où l'on tint le gens de cella sorta;
Comma je voulins vey celeu nouvel venu,
Je fis signo us Soudars de qui j'ètins connu;

Ceu Drolo en m'aprochant me fit la reveranci,
Se creyant que j'êtins un hôme d'importanci;
Sans façons, l'y dissi-jeo, et point de compliment,
Tout est semblablo icy du mêmo regiment,
T'ès tout ce que je seu, nous ne sont que des ombres,
Que dèvont habità cettes demòres sombres,
Devant que sieze pou te sarès bien instruit
De ce que faudra fare en ton petit reduit,
Ainsi laissons celey; je veyo à ton corsageo,
Que t'ès qu'auqu'habitant d'uprès de Sassenageo:
Vous avez tiria justo, oüé Monsieur, est bien vray
Que je seu batteley nâtif de Noyaray;
Je piccavo los Bous de Patron la Riveri,
Nous êtions remontà quasi lo dret de Geri,
Mos dos Bous perdant terra et fasant un fau pas,
De dessus de lor joug me traissiront à bas,
Et per malheur per mi l'Izera qu'eret forta,
M'entrainit en Tràcloutra u dessout de la Porta;
J'y demoris crocha, j'eus biau crià marci,
Nec-un ne repondit, chacun songeant à si;
Me restavet incou qu'auque foibla esperanci
De m'en pouvey tirié avec un pou d'aizanci,
Mais per malheur per mi lò pont levis chessit,
Et me poussant à fond ma têtà fracassit;
Veyés la cacarochi, elle est incoura néri;
Me fallut donc songier à partir per la gloëri,
Et je me seus trouvà, quasi dins un moment,
Entourà de soudars dins cetcu logiment:

J'entendis en passant u Quais, à la Peréri,
U Fauxbourg de Tràcloutra et dins nôtra Cha-
   réri (B),
U secours, u secours, helas ! tout est perdu,
L'ayga a deja gagna lò coin de Maupertu ;
L'on ne pot plus passà vers l'Egleysi du Carmes ;
De tous flans on oüiet de nouvelles allarmes ;
Chacun fuyet per tout sens se determinà
A sortir de chieus si ço qui pouviet sauvà,
Et nec-un ne sçaviet donnà ni tour, ni vouta,
Per trouvar un endret à se bettre à la souta ;
La plus granda partia du pouros boutiquiers
Se sarions tous neyas si, dedins lors quartiers,
Celos qu'èront logeas dins los plus hauts étageos,
Ne los eussions reçeus avecques lors bagageos.
Mais ne suffisiet pas, tau que pot albergier
A son hôto ne pot donnà de que migier ;
Los pauros ont toûjours des effans en grand
   nombro ;
Commant donc se tirier de ceu nouvel encombro ?
J'entendis d'autro flanc, consolas-vos, Meynâ,
Ne vos manquarat ren, Dieu vous a destinà
De gens qu'auront lo soin de vous fournir d'a-
   vivres ;
Lò fio, l'ayga, la ney, la glaci n'y los givres
N'ont jamay bettà boena à lor grand charità,
Ils provoyont de tout que que poësse coutà,

(B) Rue du Bœuf où logent ordinairement les Batteliers.

Ils dèvont u plutò vous bettà tous à l'ayso,
Et per vous rassurà, faut que je los nomayso:
Monseigneur DE CAULET (c), Monseigneur DE
       MARCIEU (D),
Ils ont la voix du peuplo, ils ont la voix de Dieu;
On pot los appellà d'hòmes incomparablos,
En voyant ce qui font per tous los miserablos:
Nôtro Evêque est toujours levà de grand matin,
Ço qui mige est pou d'oüra, et ne bèt point de vin;
A quinta heura que siet il vous dòne audianci,
Il écôte chacun avey grand patianci,
Que l'on sieze Monsieur ou ben pauro, est tout un,
Il se montre pertout qu'u l'est pàre commun;
U l'est plus retenu qu'un Capucin novicio,
At toutes le vertus, et n'eut jamay de vicio;
Il ne prenit jamais de divertissement;
Lò soin de son troupet fat tout son pessament;
Il n'a pas son parey dedin touta la Franci.
    Mais je veyò de loin Marcieu que prend l'avanci;
Veyés-vous comma il vogue avey sos dos bat-
       teux,
Il sont chargeas de pan, d'ayga, de chair, des œufs,
Il a déja couru per trés feys les charréres,
Ses armônes jamay ne furont les darréres;
L'on n'en est pas surprey, cel hòme est coutumier
A la guerra et per tout d'être toujours promier.

(c) M. de Caulet, Evêque et Prince de Grenoble.
(D) M. le Comte de Marcieu, Maréchal de Camp des Armées du Roi.

Monseigneur de Barral (e) fat coulà de se pôches
Una mina d'argent per toutes les Perroches;
Il commencit d'abórt per cinq cens biaux ecus;
Touta sa familli s'est bettà presque à flus;
De la Garda sur tout que des aygues si grandes
Ne pûront amortà l'ardeur de ses offrandes;
On lò veyet gaffa dedins plusieurs quarties,
Per allar visitar los gueux din los graniers.
Monsieur de Montcarrà, Monsieur Rochechinard,
A tout ce qu'eyt de bien souvent sont per un quart;
Per portà lor armonâ en raset s'embarquiront,
D'ou devant que finir lor coursa ils cupeliront,
Ne s'en fallit de ren qu'ils ne fussiont neyas,
Car de la teta us pieds il furent bien bagnas.
Monseigneur de Caulet revint dessus la scèna,
Per tous lous malheroux veissia nouvella aubêna,
Il sçat assaisonnà sos dons de compliment,
Semble qu'on ly fat graci acceptant son argent.
Monseigneur de Piolenc (f) voulut vey per leu
    mèmo
Ce que seret passà din ceu grand stratagémo;
La veilli du delicugeo il aviet eû lo soin
De fare arré de tout ce que fassiet besoin;
Monsieur de Jomarron et touta l'Intendanci
Se pourtiront à tout avey grand diligenci;

(e) M. de Barral, second Président au Parlement de Grenoble.

(f) M. de Piolenc, premier Président et Commandant de la Province.

Los Coussios vigilans firont tant cella not,
Qu'ont eut lò landeman per dix jours de pan cot;
Et per proportion on aurat eu de soures
De los provisions en toutes sortes d'oüres.
Ne faut pas essiblà Monsieur nôtron Major,
Dins tous los accidens du mondo il vaut tout l'or;
Et tous per évitar qu'auque nouvella perta,
Nôtros angenieurs êtions toûjours à lerta,
Messieurs du Bataillon et de l'Artillari
Se bettavont per tout din la patroüillari;
On ne pot trop ventar toutes le Gens de guerra,
Ils allavont dins l'ayga ainsi que sur la terra,
Et sens lo promp secours de touta la troupa,
On aurit barbotà treys meys dins la louppa.
 Nous fallit separà; los Soudards que menavont
Lò joëno Batteley trop s'impatientavont;
Enfin per coupà court, ceu Garçon m'at aprey,
Que vous avias moins d'aiga en sept cent trente-trey,
Et que de grosses Gens, mais sur-tout los femelles,
Devant que fusset jour sortiront de chieux elles.
Vous jugiés bien Monsieur qu'u ne m'a pas tout dit.
Si donques j'ai fat fauta en ceu petit recit,
Ou sautà qu'auquaren, faut qu'on m'eu pardonneyse;
Mon dessein n'étant pas d'offença qui que siese.
Adieu sias, faites dire una bonna Oraison
Per Blanc dit la Goutta, de placi Clavayson.

N° 11.

PARABOLE DE L'ENFANT PRODIGUE,

Selon Saint-Luc, chapitre 15,

Extraite de la Traduction française du Nouveau-Testament, pour l'intelligence des Traductions de cette même Parabole en divers Patois.

Un homme avait deux fils, dont le plus jeune dit à son père : mon père, donnez-moi les biens que je dois avoir pour ma part ; et il leur fit le partage de son bien. Peu de jours après, le plus jeune emportant avec lui tout ce qu'il avait, s'en alla voyager en pays éloignés où il dépensa tout son bien en débauches. Après qu'il eut tout dissipé, il survint une grande famine dans ce pays-là, et il fut tellement dénué de toutes choses, qu'il fut obligé de s'attacher à un habitant du lieu qui l'envoya dans sa ferme pour y garder des pourceaux. Là il désirait de pouvoir se rassasier des écorces que les pourceaux mangeaient ; mais personne ne lui en donnait. Enfin étant entré en lui-même, il dit : « Combien y a-t-il dans la maison de mon père de domestiques qui ont du pain en abondance, et moi je meurs ici de faim ; il faut que je me lève, que j'aille trouver mon père et que je lui dise : mon père, j'ai péché contre le ciel et devant vous. Je ne suis pas digne maintenant d'être appelé votre fils ; traitez-moi donc comme l'un de vos domestiques ».

Il se leva donc, et alla trouver son père ; mais lorsqu'il était encore loin, son père l'aperçut, et touché de compassion, il courut l'embrasser et le baiser.

Son fils lui dit : « Mon père, j'ai péché contre le ciel et devant vous ; je ne suis pas digne maintenant d'être appelé votre fils ». Mais le père dit à ses serviteurs : « Apportez-lui promptement sa première robe, et l'en revêtez ; mettez-lui un anneau au doigt et des souliers aux pieds ; amenez le veau gras et le tuez ; mangeons et faisons grande chère, parce que voici mon fils qui était mort et il est ressuscité, il était perdu et il est retrouvé » ; et ils firent grande fête.

Cependant son fils aîné qui était au champ revint, et lorsque étant près de la maison, il entendit qu'on dansait, qu'on chantait, il appela un de ses serviteurs pour savoir de lui ce que c'était; « C'est, dit-il, que votre frère est venu, et votre père le voyant plein de vie, a fait tuer le veau gras ». Celui-ci fut si indigné, qu'il ne voulait pas entrer dans la maison ; ce qui obligea son père de sortir et de le prier d'entrer avec lui. Mais il répondit à son père : « Il y a long-temps que je vous sers sans vous avoir jamais désobéi, néanmoins vous ne m'avez jamais donné seulement un chevreau pour me réjouir avec mes amis ; et lorsqu'un fils comme celui-là qui a mangé tout son bien avec des femmes perdues, est venu, vous avez fait tuer pour lui le veau gras ». Son père lui dit : « Mon fils, pour vous, vous êtes toujours avec moi et je n'ai rien qui ne soit à vous ; mais il fallait bien faire un festin et nous réjouir, parce que votre frère qui était mort est ressuscité, qu'il était perdu, et qu'il est retrouvé. »

N° III.

Parabole de l'Enfant prodigue en langue vaudoise, extraite d'un Nouveau-Testament de la Secte des Vaudois, manuscrit du treizième siecle, de la Bibliotheque de Grenoble.

Un home aë diù filh, e lo plus jove dis al Païre : O Païre, dona a mi la partia de la substancia que se coven ami; e departie à lo la substancia. E enaprès non motidia, lo filh plus jove, ajostas totas cosas, ane en pereriniage en lognana region, e degaste aqui la soa substancia, vivent luxuriosament. E poisqu'el ac consuma totas cosas, grant fam fo fait en aquella region, e el commence have besogna, e ane ese ajoste à un ciptadin daquella region, e travie l'en la soa vila quel paisses li porc; e cubitava umplir lo seo ventre de las silicas que manjavan lè porc, e alcun n'in donava ale. Mes retorna en si dis : quanti mercenar habundian de pan en la meison del meo païre, me yo

patisso aici de fam; yo me levarey e anna‑
rey al mio païre e diréy a le : o païre, yo
pechey al cel e devant tu , e ja non sey
degne esse apella lo teo filh, fay mi essay
à un de li teo mercenar.

E levant, venc al seo païre. Mes come
el fos encara de long, lo seo païre vec lui
e fo mogu de misericordia, e corrent, ca‑
gic sobe lo col de le e bayse le. E lo filh
dis a le : o païre, yo pechey al cel e devant
tu, yo non soy degne esse apella lo teo
filh. Mes lo païre dis al seo serf : fo ra‑
porta viac¹. la premiera vestimenta e
vestic le, e done anel en la man de le, e
ceaucamentas en li pe , e ameni vedel
gras e l'occien, e manjen e alegran, car
aqueste meo filh era mort e es reviscola,
e era perdu e es atroba; e commenceron
alegrar.

Mes lo filh de le plus velh era al canp,
e cum el vengues e sappies a la meison,
auvie la calamella e la compagnia, e apelle
un de li serf e demande qual fossan aques‑
tas cosas , e el dis a le : lo teo fraire venc,
e lo teo païre occis vedel gras, car el re‑
ceop lui salf. Mes el fo endegna e non

volia intrar. Me lo païre de le issi, commenca pregar li; mes es rendent dis al seo païre: vete yo syuo a tu per tanti an e unque non trapassey lo teo comandament, e unque non donnes a mi cabri che yo manjes cum li meo amic; mes poisque aquest teo filh loqual devore la soa substancia cum las meretres e vengu, tu occies a le vedel gras. Mes el dis a lui: o filh! tu sies tota via cum mi, e totas las mias cosas son toas; mes la conventava manjar e alegrar, car aquest teo fraïre era mort e es reviscola, e era perdu e es atroba.

N° IV.

PATOIS DE L'OYSAN.

Parabole de l'Enfant prodigue en patois du canton de l'Oysan, au sud-est de Grenoble.

Ur homme ayit dous garçons. Lou plus jouvein zi dissit: Pare, baillamé lous bens qu'y déyou avey pe ma part su voutrou heritajeou. Lou pare lour fasé lou partajeou de soun bein. Quoque teims apres, lou plus jouvein emporti avey li tout so qu'el ayit agut, s'en fuzé courre loun, din lou pays bas, ounte oul agues tieu dépeinsa soun ben din leys débauches. Quant oul agué tou migi d'un carou et d'autrou, lo survingué uro grand famira din lou pays qu'oul eré, et ou fuzé talamant redus, qu'ou fuzé oubligi de se louir à ur habitant de leindret que l'envoyé din sa ferma pé garda sous cayouns; iqui ou désiravé de pouvey se rassazia de leys pallalliés que lous cayouns qu'ou gardave migeaveant; mais lungun zi gui en dourave. Enfyn ou rentrei en si meimou, ou dizit : quant ziya lo de valets din la meisoun de moun paré qu'ant de pan en abbondanci et que n'ein souront, et mi mi cravou de fam; la faout que mi aleisou a mou paré et zi direi : Paré, mi aye peichia contra lo cié et devan vou ; mi ne siou pas dignou hyeuro d'être appela voutrou garçoun ; bita mé avoï voutrou valéts.

Et de suita ou s'ère enchamira. Mes coumma oul approchavé, soun pare l'aperceou de loun et couriéz ver si ; zi sauté aou coulein, l'embrassiez en disant: Ah! te veyci moun galloupyn (51). Sour affant zi dissiet : Paré, perdouramé; mi ayé eita un drolou, un détartamela; mi ayé migi avey ley conquiret et lous libertins coumma mi tou ço qu'ous m'ayas beylet ; mi ne siou pas dignou hyeuro d'être appela voutrou garçoun. Mes lou paré dissiet a sous valets : aduziez zi vitou sa premeyri roubilli, et lou vitiéz

---

(51) Cette courte paraphrase est si naturelle, que je n'ai pas cru devoir la supprimer.

Ieaou; bittas zi avos uro bagua aou dey, avey seys savattes à lous pieds; aduziez lou vez gras et lou seynas; nous repattarens tous enssens; migens et fazens bonbanci, perçoqué veyci moun garçoun qu'êré mort et oul ei ressussita; oul eré perdu et lou veyqui retrouva; fazens donc fèta.

Pertant lou plus vieux de sous garçous qu'eré pe lous champs, reverit. Quant ou fuzié prochou de la meisoun oul entendit danssi et chantas; ou souziez un valet per savey de si so qué l'ere; l'ey zi dizit : ou que voutrou frare ey revingu; voutrou pare si jouyoux de lou vey en bourra sanda, a fat tuas lou plus beaou de lous veaoux.

Iquey ici si feou de veyra qu'is fasiants tant de feta per un courrandier, qu'ou ne voullit pas intras dyn la meysoun. Soun pare vayant iquien sourtiez et lou pressiet d'intras avey si; mais ou repondiez à soun pare : l'o zya longtem que mi vous servou sen vous avey jamais desobéi, ma gui men; vous ne m'ayez jamais ren doura, pas soulament un choro per me divertir avey mous camarades ; et quan un parein comma iquou, qu'a migé tout son ben avey leys couquirets, ey vingut vous ayez per si fat tuas lou plus beaou de lous veaoux. Son pare zi dissiez : moun garçoun, per vous vous settey téjouz avey mi et mi n'ay ren que ne saye voutrou ; mais la fouilli bien fare un festin en rejouissance de ce que mour affant qu'eré mort ei ressussita, oul eré perdus s'ey tourna amassa.

N° V.

PATOIS DU TRIÈVES.

Parabole de l'Enfant prodigue en patois de l'ancien pays de Trièves, au sud de Grenoble.

Un homme ayet dous garçous ; lo plus jouvé dit a son païre : Païre, balla me la portion d'au ben que dut me revenir. Son païre leur fit la portion de sou ben. Paus de jours après lo plus jouvé daux dous efans ayant ramassa tout ce qu'ayet, partit per veire un pays éloigno et vivant obe de filias de mechanta via, eut tuet dissipa son ben. Après qu'eut tout migeo, arrivit din lou pay out'erre una granda famina, et lu commencit a sintir la misera. Adouques s'in allit et se boutit in service chieux un habitant dun pays, qui l'envoyit à sa ferma pe garda lou cayous. Auriés ben voudiu implir son vintré de ce que lou pouercs migeavon, mais diudin ne lui an donnave. Adónque ayant fa retour sur iou, il disit : cumbien de valets din la maisou de mon païre qu'ont de pan tant que volou, tandis que you mouerou eci de fan. Fau que daquey pas aillou trouva mon païre et que li disou : païre, païre, a pecho contra lou ciel et contra vous ; iou siou plus digné d'estre appella vostre fil, traita me comm'un de vostres valets.

Il partet donques, et vint trouva son païre. Quant era encare ben lien, sou païre l'apperçut, et ut compassion de el, et courant a el, il se jittit a son couol et le baisit ; et son fil li dit : païre a pecho contra lou ciel et contra vous, ne siou plus digne d'êstre appella vostre fil. Adouque lou païre dit a sou servitours : aduza me vite la plus bella robbo, boutali la ; boutali aussi una bagua aux dets et de souliers aux peds, amena un viau gras, tua lou, fasan bonna chiera et rejouissan nous, persaqué mon fil quest ici era mouort et é ressuscita, era perdu et é retrouva : ainssi commiciront a fare granda chiera et a se rejouir.

Stapendant lou fil ainet quera au champ s'invinguit, et quand fut proché de la maisou il entendit las aubadas. Il appellit donques un dous servitours et li demandit ce qu'etiet qu'oviet. Lou valet li dit : c'est que vostre frare est revundiu et vostre païre a fat tua un viau gras, persaque la retrouvo in bonna santo. Aquo l'ayant facho, il ne voulut plus intras dins la maisou ; mais sou païre étant surti per l'en pria, aquey prit la parolo, et li disit : vetia duja tant d'ans que vous servou, iou jamais ne vous ais desoubei in rin de ce que mayo commando ; stapandant jamais ne m'avés douno un chabrit pe me divertir obe mous amis ; mais aussitot que vostre autro fil qu'a migeo tout sou ben obe de fenas perduas eit revindiu, aya fa tua per el le viau gras. Sou païre li disit : mon fil, sias toujours obe mi et tout ce qu'aye eit vostre ; mais faillet ben faré una feta et nous rejoui perqué vostre fraïré que veci era mouort et é ressuscita, era perdu et é retrouvo.

N° VI.

FRAGMENS EXTRAITS DU DICTIONNAIRE MANUSCRIT DU PATOIS DE GRENOBLE.

I.

Rapport du Jeu connu en Dauphiné sous le nom de Allen-Jean, *avec celui que les Grecs appelaient* Ἀρτιάζειν (1).

L'UN des deux joueurs met dans sa main un certain nombre de noisettes, et s'adressant à celui qui joue avec lui, il dit: *Allen-Jean.* — L'adversaire répond: *Je ministro,* comme pour dire qu'il accepte le jeu. — Le premier demande *jusqu'à quand*, et le dernier répond *jusqu'à dix* ou tout autre nombre. S'il se rapporte avec le nombre des noisettes renfermées dans la main, il les gagne, sinon il donne à l'autre un nombre de noisettes égal à ce qu'il y en a en plus ou en moins de celui qu'il a indiqué.

Ce jeu ressemble beaucoup à celui des

---

(1) Ce jeu était chez les Grecs celui de *Pair ou Impair.* (Meursius, *de Ludis Græcorum.*)

Grecs; il n'y a pas de doute qu'il ne soit aussi ancien qu'eux dans la Gaule. On remarque dans les mots qui servent à ce jeu des finales rimées, comme on les observe toujours dans les proverbes et adages de tous les idiomes vulgaires.

2.

Les Chalendes.

On donne ce nom au jour de Noël; il est dérivé du mot latin *Kalendæ*. On commençait autrefois l'année par ce jour, qui est le 25 décembre, comme aussi par la fête de l'Annonciation, la même que celle de l'Incarnation qu'on célèbre le 25 mars. De là la différence que l'on trouve dans les vieux actes latins dont les uns portent: *Anno ab Incarnatione Domini*, et d'autres *anno a Nativitate*, ce qui donna lieu à beaucoup de méprises, jusqu'à ce que Charles IX, par son ordonnance de 1564, eût fixé le commencement de l'année au jour de la Circoncision, 1er janvier.

Du mot *Chalendes* on a fait *Chalen-*

dal, nom que l'on donne à une grosse bûche que l'on met au feu la veille de Noël au soir, et qui y reste allumée jusqu'à ce qu'elle soit consumée. Dès qu'elle est placée dans le foyer, on répand dessus un verre de vin en faisant le signe de la croix, et c'est ce qu'on appelle *batisa lo chalendal*. Dès ce moment cette bûche est pour ainsi dire sacrée, et l'on ne peut pas s'asseoir dessus sans risquer d'en être puni au moins par la gale.

3.
Le Cochemar.

Cette indisposition est connue vulgairement sous le nom de *chauchi vieilli*, parce que ceux qui en sont attaqués croient qu'elle est causée par de *vieilles sorcières* qui descendent la nuit par la cheminée, et qui vont se coucher sur les malades et les tourmenter.

4.
Sur les Crétins.

On donne ce nom dans les Alpes aux personnes frappées d'imbécillité, accompagnée ordinairement de goîtres et autres vices de conformation. Ces individus offrent exactement l'image de la stupidité personnifiée et de l'absence de toutes les facultés intellectuelles. On sent facilement quel serait le sort de ces malheureux, qui se rencontrent ordinairement dans des familles pauvres, s'ils étaient à la merci de l'égoïsme de leurs parens, qui n'attendent les moyens d'exister que de leur propre travail. Mais une salutaire et bienfaisante opinion fait regarder ces infortunés comme un bienfait de la Providence envers leur famille; c'est un envoyé de Dieu chargé de lui faire connaître ses vœux et ses besoins. A ce titre il n'y a point de soins, point d'égards dont les Crétins ne soient le sujet, et leurs besoins physiques sont ordinairement satisfaits avec un empressement qui serait bien digne d'éloge s'il était désintéressé.

On emploie aussi le mot *crétin* dans le sens de *désolé, infortuné*, etc. Il se trouve dans une chanson bachique, dont voici deux couplets.

1.

Je seu tou *creitin*
Lo cour me pendole,
Je m'en voï à Crole (1)
Per bêre de vin ;
Car noutrous autin
N'ont ren que de foille,
Personna ne troille
Fauta de raisin.

2.

Meichenta jalla !
Freidura perversa !
Maudita traversa
Qu'a tout deisola !
Qu'eito que faron
Notres yvrognasse ;
Lou pot et le tasse
Se reposaron.

―――――――――――――

(1) Village près de Grénoble dans la vallée de Graisivaudan, et dont le vin a quelque réputation.

N° VII.

PROVERBES DAUPHINOIS.

1.

Si l'arguéu	Si l'orvet
Aviet des oéu	Avait des yeux
Et la chiura den dessu,	Et la chèvre dents dessus,
Tout lo mondo sarit perdu.	Tout le monde serait perdu.

2.

De moéino ni de pingeon	Des moines ni des pigeons
N'attafeï din ta mayson.	N'introduis dans ta maison.

3.

Quand la nouï ei bien cergnié,	Quand la noix est bien mûre,
U la faut richassié.	Il faut la cueillir.

Ceci se dit particulièrement d'une fille qui est en âge d'être mariée.

4.

Qui preite	Qui prête
Se déshereite,	Se déshérite,
Qui donne	Qui donne
S'abandonne.	S'abandonne.

5.

Du pié ou de l'eipala	Du pied ou de l'épaule
Lo pouillen semble la cavala.	Le poulain ressemble à la jument.

On se sert de ce proverbe pour dire qu'une fille ressemble toujours en quelque chose à sa mère.

6.

Filli que landre,	Fille qui court,
Tabla que brandre	Table qui remue
Et fenna que parlo latin,	Et femme qui parle latin,
Ne faron jamais bona fin.	Ne feront jamais bonne fin.

7.

Offre de St.-Crépin. On qualifie ainsi les offres que font les personnes habituées à en faire beaucoup et qui n'en réalisent aucune. Ce proverbe particulier à Grenoble doit son origine à un vieux tableau qu'on voyait autrefois dans une chapelle dédiée à St.-Crépin et à St.-Crépinian, frères martyrs. Celui-ci, un tranchet à la main, coupe des souliers, et St.-Crépin en donne une paire à un pauvre qui lui demande l'aumône; mais comme ces souliers ne sortent jamais de la main du Saint qui les offre, on a fait de là le proverbe *Offre de Saint-Crépin.*

8.

Matine començon per tussi	Matines commencent par tousser,
Et mariageo per menti.	Et un mariage par mentir.

9.

Bona meinageiri	Bonne ménagère
Vaut una vercheiri.	Vaut un grand nombre de brebis.

Le mot *vercheiri* est très-difficile à rendre en français; il se trouve dans de vieux contrats de mariage pour désigner la dot d'une fille qui consistait alors plutôt en brebis, vaches, etc. qu'en argent.

N° VIII.

EPITRE en vers, au langage vulgaire de Grenoble, sur les réjouissances qu'on y a faites pour la naissance de Monseigneur le Dauphin. A Mademoiselle ***.

Cette épître est oubliée à Grenoble et n'y est plus connue. L'exemplaire que j'ai sous les yeux appartient à la Bibliothèque Impériale. Cette circonstance m'a engagé à la publier. Son auteur n'est pas nommé, et mes recherches à cet égard ne m'ont rien appris.

A MADAMEISELLA ***.

Te m'aya ben promey de quitta tous afare
Quan te sauria lo jour qu'on farit le fanfare,
Je t'envoyi Piarrot tu dire de ma part,
Je t'ally u devan Divendre su lo tart,
Je t'atendy long-temp ; n'y faliet pas songié,
Je me couchy, cretin, san beyre ni migié.
Te vin de me manda que te n'u pa leizy,
Que si je t'écrivin je te farin pléizy ;
Te vodria lo detal de touta cela Fèta :
Pe te lo fare bien faudrit un autra téta ;

Faziet biau vey, ma poura, et pe te contenta,
Du mieu que je sourey je tu voy raconta;
En patoy san façon te m'ordone d'écrire,
Dacord; mais su ma fey t'ourez pena du lire.

   A huit heure de not Dissando comencit,
De cent cloche lo brut jusqu'u ciel s'entendit;
Dimenchi quan fut jour chacun se bolicave,
Qui deçey qui deley selon l'ordre coivave;
L'un faziet tapissié, l'autro per son valet
Faziet planta de clou lo long du talapet;
Lous un de lor leincieux fazion posa de tente,
D'autro fazion lava la ruë à lor servente;
Tout eyre si joyou que din dou tour de man
Fut tendu pe dessu, tapissia pe devan.
En vain se vit roula sept ou huit Comissairo,
Y n'euron pa pena d'ouvri lor ecritoiro,
Y viron que chacun faziet ce qu'u deviet;
Cependan din l'Eglezi intrave que pouviet.

   Te n'e sça beliau prou, car deja je me troblo,
Pe te dire coman Monseignou de Grenoblo,
Crossa, mitra, para de son plus bel habit,
Pontificalamen la grand messa dizit;
L'on veyet à son air que du fon de son ama,
U remerciave Dieu, la bona Nôtra-Dama,
Du pretiou prezen que n'on reçeu du Cieu;
Lou Prêtre de respet baissavon tou lous yeu,
Ufran u Rey du Rey du pouro la priery,
Priavon de manda loin de no la misery.

   Duran çeu temp defour tout du lon du quartié,
S'assemblavon san brut noutre gen de métié,

Tou pe la Procission à l'envey l'un de l'autro,
Bien raza, bien poudra s'eyron mey su lor propro,
De flou tou lou Priou s'eyron enbouquetta,
Lou savatié maunet s'eyron tou décrotta;
Un chanoino sortan fit comencié la marchy.
Le Baniere levey chacun prenit sa placy,
Marchau devotamen, san rire ny parla,
(Chouza rara pa moin) l'on lou vit defila
Lou pié déchau suivion coma lous autrou moino,
Lou clergeon, lou curau, lou prêtre, lou chanoino;
Dessout lo dey tenu pe quatre grou Monsieu,
L'Evêque, tout dora, portave lo bon Dieu;
Du grand brut du canon le meizou ressautavon,
Le vitre se rompion et le fene tremblavon.

   Ensuita du Prelat, son jugeo, son griffié,
Venion tou sou valet et tous sous officié;
Un pou aprés venion en bona contenanci,
Lou Messieu de Villa, gen d'esprit et de scianci,
Lou coussiou eyron vêti de robe de velou;
Ul eytion preceda de sept ou huit mandou,
Suivi de l'Avocat, Procurou, Secretairo,
Du Griffié, de l'Hussié, du Portié, du Notairo;
Devan lo Parlamen marchave d'un air fier,
L'Officié de Prevôt suivi du Cavalier,
Lous hussié du Palais don le robe trainavon,
Lor verget din la man à pa compta marchavon;
Messieu lou Secretairou précedan Monseignou;
Seguit dix Presidan d'un port majestuou;
Un Chivalié d'honou don l'illustra naissanci
Surpasse lo hau reng et la magnificenci;

Cinquanta Conseillié; Messieu le Gen du Rey
Din lor robe rouget ceu jour se firon vey.
Qu'un autro plu sçavan, coneyssan ma foiblessy,
Te dieyze lor vertus, lor zelo, lor noblessy,
De vanta tale gen ne fut jamey mon fat,
Faut sçavey lo latin, faudrit être avocat.
Tantiat tou doucimen continuan mon contou,
Paruron lou Messieu de la Chambra du Comptou,
Suivi d'una fola tan d'homme que garçon,
De gen de tous eytat, de toutet le façon.
Ne s'ere jamey fat de procission si bella,
Si nombrousa, si loin, ny mey si solemnella :
Y fut à Saint André, Saint Loüis, u Jesuites,
De pertout s'entendiet cinfoni, petard, boüites,
J'eu la Benedition trey fey din ceu trajet,
Enfin je m'enveny pe migiés un morcet.

 A l'Evêchié se fit pe soixanta personne,
Un dina don le sauce eyron toutet bien bonne;
Tout eyre fin, ragout, ruty, patissari,
U semblave, se dion, ceu de Jean de Pari;
De le gen du Clergié le tête venerable,
Lou Noblo, lou Consul remplission cele table.
Si din le gran meyson se faziet de banquet,
Ne s'en faziet pa moin dedin lou cabaret :
A Saint Loren lo vin couriet pe la charreyry,
L'aigua ne troublit pas celou de la Pereyry,
De la via ne se vit tant migié, tant chanta,
Tan fare de fouly, tan dansié, tan sauta ;
La not à pa de lou, u milieu de les ombre,
Venit couvri lo jour de se tenebre sombre.

De même qu'en été quan lo temp s'obscurcit,
Le Cloche de pertout su lo champ l'on sonit,
Non pas du tristo ton que chasse la tempêta,
Mais coma pe Chalande ou pe qu'auqu'autra fêta;
Lo jour n'eyre pa loin y n'eyre qu'éclipsa;
Dedin un heura u plu, cela not fut passa.

 Pegaze à mon secour, je ne poüey plu marchié,
Si te ne m'aide pa je m'envoüey me cachié.
Miena, tout ey perdu, lo sat et le quillet;
Tale n'y penson pa que von resta fillet,
Du fin fon de l'enfer l'on vey sorti de flame,
La Vila va brûla, n'y a plu de bones ame;
Diantre syet de chivat qu'on ne pot pa monta,
Je n'ey fat que lo vey, y m'at épouvanta,
Y fat dire les oure autramen qui ne passon,
S'en serve que vodrat, dison ce que no savon.
Rassura te pe vey trey mille pot à feu,
Miliante couquillet qu'éblouysson lous yieu,
De chandelet per tout, pe trou et pe fenêtre,
Chieu noblo, chieu bourgeois, chieu lou moino,
   chieu prêtre,
Su porte, su balcon, pe cour et pe jardin,
Feu que ne s'amortit que lo Dilun matin.
Le gen coma de fou, pe le ru, pe le place
Allavon et venion, fazion de jambe lasse,
Aurit falu cens yeu pe vey tout ce qu'on fit,
Et duran tout ceu temp, persona ne dormit.

 A pena lo soley recomençant sa ronda
Din Grenoblo montrit sa cheveleura blonda,

Que tou lous habitan gay coma de quinson,
Badinavon, rizion, chantavon de chanson;
Hor le porte lous un s'allavon promena,
D'autro din lou logi courion pe déjeuna,
Le boutiquet sarrey ne se vit travaillié
Que lou cabaretié, boulongié, poulalié,
De matin se coiffit gran nombro de comare,
Coma pe Saint Crepin; le tripe furon rare;
De tout coutié se vit, de coin et de recoin,
Sorty des etrangié; n'en venit de bien loin,
Combien de Savoyard en carrossi, en leiteiry,
Tout Chamberi partit à chivat ou en chery.
T'ouria trop rit de vey ceu drolo de tropet;
L'un n'aviet poin d'etrieu, l'autro poin de mantet,
L'un portave un chapet plus gran qu'una pailliassi,
L'autro vety de vert que faziet la grimaci;
Le fene binboley, bien parey de riban,
Portavon de panié que semblavon de van.
A meyjour l'arcenat fut rempli de carosse,
Celou qu'eyron dedin, gay coma gen de nôce,
Du plus gourman morceu furon tou regala,
De ceu noblot banquet sarat long-temp parla,
De chair et de peisson se fit quatro serviço,
San compta lo dessert que sortit de l'offiço;
U gran brut du canon se but du meillou vin,
A la santé du Rey, de Reyna, du Dauphin,
Que Dieu pe sa bouta no faseize la gracy
De tou lou conserva, san chagrin ny dégracy.
Monsieu lo Gouvernou, Monsieu lo Chivalié,
En toutes ocasion lor zelo fou brilie;

Tou noblo, tou vaillan, courtois et generou,
Proteigeon san fierta lou pourou malhérou.
Couetta, je n'en poëy plu, je seu la de conta;
Ne te lasse tu ren ti mêma d'écouta?
Deja tranta tambour battion la generala,
Lo Mondo pareissiet d'una joëy sans égala,
Decey deley se vit soudar et habitan,
Prepara lor fesuit, lor epeyet, lor gan,
La trompeta sonant parut la Prévota,
Officié, cavalié, tou proprou, bien monta,
Lo sabro din la man u milieu de mil ame,
L'on lou vit se posta devan de Nôtre-Dame,
Ou pou de temp aprés lo Parlemen venit,
Monseignou de Gramon à lor têta y intrit;
Duran lo *Te Deum* lou canon s'entendiron,
Du pistolet trey fey lou cavalié tiriron;
La Cour se retirit: quan tout fut achavi,
L'Evêque s'en allit, de son Clergié suivi;
Lou Messieu de Marcieu, gran nombro de noblessa,
Avecque prou pena sortiron de la pressa;
Le basse, lou vioulon, et lous haubois joyan,
Lou Messieu de Vila s'enalliron riyan.
Royal-Artillari, troupa de richi tailli,
Su la placi déja pareissiet en batailli,
Soudar et officié, légié coma cabrit,
Tout de lor uniformo portavon lous habit;
A lor gauchi se vit lo bravo Penonageo,
Tout de gen bien choisi, bien nourri, de bon âgeo,
Plumet blanc u chapet, en habit galona,
Lous officié Bourgeois no viron promena.

Lo Prince Gouvernou, son Lieutenau absan,
Lo Seignou de Gramon, qu'ey segon presidan,
Comandan pe lo Rey dedin cetta Provinci,
A tou duran ceu jour fit vey sa vigilenci;
Y fut u Jacopin où l'attendion lou Noblo
De le grande meison que son dedin Grenoblo,
Avec leu d'una sala sortit sa Compagni;
Lou coussiou, lor mandou, coma la cinfoni;
Devan leu se veyon sou les arme lou garde
De Monsieu d'Orléans, marchan en deu brigade;
U tour du feu de joëy, après trey tour qu'u fit,
En roba de palay d'un flambeau l'alumit;
Le flame din l'instant perciron lou nuageou,
De la mousquetari se fit plusieur dechargeou,
Tou lou tambour battion, l'on entendit que cri,
Du brut de cent canon l'on étiet étourdi.
Monsieu lo Commandan se retirit en ordre,
Et tout ceu grand fracat se passit san désordre;
Siet din la comedi, siet din lo cabaret,
Tout eyre plen pertout, din l'un et l'autro endret.

Ganimede, rempli du meillou vin mon pot,
Calliopa, vené, décendé de Rabot,
Du mot lo plu choysi j'ai fauta d'una liassi,
Pe chanta ce que fit lo Jugeou de la placi :
Su quatro gran pilié que leu mémo plantit,
Din lo fin biau milieu tranta fagot pozit;
Un tounet pe dessu, non san pena plassia,
Fut corona de boüy, la tabla fut dressia,
Allan, venan, soudar, migeave que voliet,
S'y chaplit tant de vin qu'on creyet qu'u ploviet;

Saucisson, murusson, jambon, patié, raviole,
Fricassié, moliandron remplission le courniole;
Lo procurou braman voulit être écouta,
L'Avocat concluyt que faliet tou chanta.
Jamey ne s'entendra de musiqua si drola,
Tou s'acordavon bien à virié la gandola,
Le fene du quartié secoyan lor devan,
Viran coma Voget, se tenion pe le man;
Lo griffié san parey, que parle pe sentence,
Fit apela l'hussié per imposa silence;
Su lo champ l'Avocat, qu'eyt home de crédit,
Percha dessu son ban à hauta voy dizit:
Vous sçavey, brave gen, que touta noutra Francy,
Du Dauphin Monseignou celebre la naissancy:
Dauphin signifiet Prince du Dauphina,
Paï que fut toujour farci de bon meina,
Que de servi lo Réy se son toùjour fat gloiry;
No devon no garda de sali lor memoiry,
L'on lous a veu cent fey affronta lous hazard,
Vo sey tou ce qu'a fat lo Chivalié Bayard,
Conten en temp de pay, vaillan en temp de guerra,
Com'ello no devon vivre su cetta terra
Pe montra noutra joëy; quan fau se deverti,
Que ne se veyey point de renou, d'émurti,
Crion vive l'Efan, vive son Pare et Mare,
Que son caua qu'icy nou fon tan de fanfare,
Faite porta de vin, abada lo barra,
Et sortez de la mat ce que sarat sarra.
Ce que fut dit fut fat, l'on en fit bon usageo,
Ce que l'on aportit se metit u pillageo,

Le Fene du festin fasion bien lous honou,
Le vache du païs tiron coma lou bou.
Lo Jugeo cependan, come un home de sciency,
Dedin sa boutiqua courit prendre séancy,
Un hussié l'y prétit sa roba, son bonnet,
Un malautru rabat que n'eyre pas trop net ;
Trenta veysin arma pe pare cela fêta,
Lo joigniron bien-tou ; leu san branda la têta,
Lo suivan fit trey tour, puisce allumit son feu ;
Qui n'a pas veu celey de bravo n'a ren veu,
Que de coup de fezuit su lo champ se tiriron,
Que de veyro de vin cela not se beviron,
Lanterne, pot à feu du ban de Mauconsey,
Corne, de tout coutié lo mondo venit vey.
Tout coma lo Soley relut dessu la Terra,
De Monsieu de Gramon reluiziet lo parterra ;
Dix mille luminon, adrétamen rengeat,
En surprenan la veüa fasion un bel effat,
La fontana de vin à sa porta coulave,
Din sous apartamen qui que vouliet intrave,
Sale, chambre, parquet, jardin et basse-cour,
Pertout eyre plu clar que n'est à plen meyjour ;
D'un concert enchanta de touta la musiqua,
Fut suivi lo soupa de chiéra magnifiqua ;
Le gen de condition coma lo carnaval,
Quan lo jour pareissit, finissiron lo bal ;
De loyé ceu Seignou je n'ay pa l'hardiessa ;
Mon stilo ey trop comun, j'en sçavo la bassessa.
   Ma Brisi, veiquia ben à pou prés ce qu'on fit
Jusqu'u Dimar matin, que l'on recomencit.

Quan l'Aurora parut, fraichi com'una rouza,
Lou pourou se levant preniron tou la coursa,
De fene, de fillet, des home, des efan,
L'Evêchié s'emplissit, l'on en comptit sept cen ;
De pan, de vin, de chair, pe lo Prelat donna,
Touta cela guerlanda eut un bon déjeuna ;
Pe que durant lo jour y fussion tou conten,
A chacun de trey sou ou fit incou presen ;
Ceu Prince generou ou comblit de caresse ;
Celou de la preison sintiron se largesse :
Tandy que lou marchand, à dret et à coutié,
Din la ru pe dina fazion quoque partié,
Abbez, clers et courtauts courtizavon lor belle ;
Su le place lou vieu contavon de nouvelle ;
De tou lou boulongié, du malautru bouchon,
Lous ouvrier desœuvra remplission le meyson :
Lo caffé parisien, qu'est astheura à la moda,
Fit bien se ferretet, chieu leu se vit la voga.
En placy Saint-André, un echauffaut dressia,
De l'ordre du Consul de tonneau fut gencia ;
De quatro fontanet lo meillou vin pissave,
A tiri larigot lo peuplo chicolave.
Din la Collegiala lou Messieu de la Cour,
Pe celebra lor fèta avion choisi ceu jour,
Inscription, pinturet, riban de gentia sorta,
Soûtenân de feston, se voyou su la porta.
 Comptou et Parlamén que von toûjour eusen,
Intran din Saint-André firon couri le gen ;
Messieu de la Vila furon prendre lor place.
Lou menetrié tandi fazion roufla le basse,

Cinqauanta musicien su lo thiatre monta,
Acordon lor vioulon, s'apreston pe chanta;
Lo *Te Deum* comence, et d'home et de fillet
Le plus touchante voix frapon les ourillet,
De tou lous instrumen la meillou cinfoni
Charmave, ravissiet; mais fut trop tou fini.
   Dessu dou grand bateu per un feu d'artifiço,
U mey de l'Izera se fit un edifiço;
Lo tour eyre garni de tela pintura
D'emblemo, d'inscription, du sçavan admira;
L'on y veyet l'amour, lo respet, l'esperancy,
La joëy qu'a lo paï de l'herouza naissancy.
Quand fut not lo Palais fut tout illumina,
De lanterne vitrey lo jardin fut orna,
Vingt mille luminon garnission le tarrasse;
Cependant sur lo quay s'achitavon le place,
Deley l'aiga balcon, fenetre, galari,
Tout eyre retenu, loyat coma à Pari;
Su le tuille lous un avec pena montavon,
D'autro su lou dou pont san crainta se logeavon;
U brut de vint tambour, de trompete sonan,
Lous officié bourgeois paruron su lou ran,
L'y eut moin de carillon lo jour qu'à la Marsalli
Noutrou bravou François gagniron la batalli.
L'Aiga din lo momen pareissit touta en feu,
Te n'u creirés jamey ti que te n'ua pas veu.
Le grousse de fuzey jusqus astre montavon,
Coma moulin à ven s'en veyet que viravon;
Si je paru surprey je ne fu pas solet,
Ploviet d'or, de dauphin, ploviet des etelet,

Lance à feu, serpentau éclairavon la terra.
Tandi que lou petar u ciel fazion la guerra,
Mome lo medizan, que ceu brut reveillit,
Vito 'pe raporta com'un fou se levit,
Courit tout en eichat du Dieux charchié lo pare
Qu'eire près d'un tendron que parlave d'affare :
Jupin, que faite vo, que von no deveni !
Mey vos faite de bien, mey vos é d'énemi,
Acrasa lou morter, meta lou tou en poudra,
Ne perdé point de temp, armavo de la foudra,
Autramen din lo jour fau pana lo vioulet,
Y se chalion de vo tout coma d'un siblet;
Y dizit. Jupiter en ouvran sa fenetra,
Vit lo feu, ressautit, criyt, tout fut alerta.
De foudre n'y ayet poin, u maudizit Vulcain,
Ceu traitre, diziet ei, ceu cocu, ceu coquin,
Pe me sorti d'icy forge des armes u home ;
N'eire pas vrai, la peu li fit vey de fantome,
Y se trompit si bien qui prenit Mont-Rachel
Ou pe lo Mont-Vesuve, ou pe lo Mont-Gibel.
Mercure, cependant, que pe lous air s'envole,
Avec un plen pouvey fut manda vers Æole ;
Y n'eut que trop teu fat sa bella commission,
Lô maître fut servi suivan son intention;
Tou lou ven décheina sortan de lor caverne,
Amortiron lo feu, lou lampion, le lanterne,
D'épaisse nivolet l'Olimpa se couvrit,
Gressa, plevi tomban, lo mondo se sauvit;
Lou premiés officier de noutron Penonageo
Jusqu'u granié sala poussiron lor voyageo,

Où dessout lo chapit qu'on lous aviet preita,
Depensant prout d'argent furon bien ma traita.
Ceu qui que m'u contit me défendau du dire,
Ne me défendit pa, mon ange, de t'écrire;
Enseigne, Lieutenant, firon de bon repa;
Tou los autro bourgeois ne s'oubliyron pa.
Din l'Hôtel de Vila lo Consei fit bonbanci,
Gibié, ragout, bon vin, tout fut en abondanci;
Chieu Monsieu l'Intendant l'y eut un amplo regal,
Bella illumination, la comedi, lo bal,
A sou depen chieu leu lou comedien jouyron,
De Dame, de Messieu sept table s'emplissiron,
Devan ello se vit en granda profusion,
Lo plus biau, lou meillou qu'y eusse din la saison;
A le porte le gen per intra se portavon;
Dou mille bougeyet din se Chambre brulavon,
Leyen coma d'anchois lo mondo eire chouchat,
De tout coutie couriet limonada et orgeat,
A regonfo de tout l'y eut pe rampli le pance,
Et lo jour paraissan finissiron le dance.
Se dit ben qu'arrivit un pou de broulliari,
Quoqu'autro contarat cela barrassari.
   Dijou lou comedien n'empliron pa lor boursa,
Su lor thiatre parut madama la ressourça,
Tout lo peuplo ceu jour intrave pe paren,
I n'ouron de long temp m'et avi tan de gen;
Que s'y vit d'ecolié, de cler, de revendouze,
De cousouze de gan, et de poure piquouze!
De Saint-André la not lou Messieu du Clergié,
Illuminiron bien lor porta et lor clochié.

J'ai dit ce que sei fat de curiou et de raro;
Lo dimanchi suivan fut pamoin lo plu bravo:
Us abro du jardin le lanterne posey,
Furon toute alumey u couchié du soley,
Su lo thiatre dressia lou vioulon viouloniron;
A tort et à travers garçon, fillet dansiron,
L'Aveuglo petit-dieu pe mieu joyé sou tour,
Se fourrit pe lo mey d'una troupa d'amours;
Le fontane de vin plus grou qu'un bra pissavon,
Tou celou qu'avion sey à pleisi se désiavon;
L'on étiet enchanta, l'on ne veyet que feu,
Ici de luminon, iqui de pot à feu,
Lo parterra su tout coma lo ciel brillave,
U tour et pe dedin chacun se promenave;
Dou millié de crusieu planta su de piquet,
De cent gentié façon formavon de bouquet,
Un melengeo charman de flou et de lumeire
Me pamit; zeu veyan j'ayin pena du creire;
Traluyet ben si bien à dret et à coutié,
Qu'on ne sayet quasi de qu'un flan se virié.
Te devia cey veni, ma poura ricandella,
Ne se fera jamey una feta si bella;
T'ouria veu Cupidon, y t'ourit caressia,
Y ta toûjour ama depeu qui ta blessia,
Diana, Flora, Venus, lou Ri, lou Jeu, le Grace
Parcouriron lo boi, lo jardin, le terrasse.
De tant de rareté je fut ben si charma,
Que je n'ai point de mot pe tu bien exprima.
Pe te suivre, Phœbus, faudrit avé de rente;
Manda me pe fini, Muse, voutre servente,

Vo vo moqua de mi, parbleu je seu bien fat ;
Je n'en poüey plu de sey, je voüey beire, j'ai fat.
Adieu, Miena, bon soir, tinte toûjour jouïousa,
Dieu volie que din pou je te veïeso epousa :
U pie du Mont-Rabot, tout uprès du rafour,
Ma Musetta me laisse et s'envole à la Tour.

N° IX.

Noel inédit, en patois des environs de Grenoble, et dont l'Auteur n'est pas connu.

1.

Notrou meyna sarravon les ollague (1) ;
Notrou polet ayen tot pier chanta,
Et lous eyssarts (2) qu'u fon pé le montagne
N'ayon quasi ni chalou ni clarta,
Quand un éfan que portave una roba
De fin argent (si fin n'en fut jamey)
Que traluyet (3) ni mey ni moins que l'auba,
Nos adussit lo bon tem et la pey.

2.

U nous dissit d'alla vey la pucella
Qu'a fait la pey en faisant son éfan ;
Quand je devrin engagié ma veyssella,
J'y volo alla lou dou bras pendolan ;
N'y alla pas, sarit una vergogni,
N'y rian porta, sarit encora pi ;
J'ai dous agneux que n'ont pas prey la rougni (4),
Je seu d'avis de lous alla aufri.

———

(1) Les noisettes.
(2) Les feux.
(3) Brillait.
(4) La gale.

3.

La Viergi a la fraichou de la rousa
Qu'u mey de may la rousa a mouilla,
Et sou tetet (1), pé dire toute chousa,
Mey de blanchou que n'a notra caillia (2) ;
Sou dou poupeux (3) semblon a la mayousse (4)
Don la rogeou a plaisi d'éclata,
Et son motet (5) la trovave si douce
Qu'a mala pene u la poyet quitta.

4.

Lou pailliassieu dont y l'emmaillotave
Erion plu blanc que le premieri ney ;
Y saviet ben quand elle lou filave
Qu'u servirion un jour pe ceu grand rey.
N'en venit tré que portavon de tasses
Tote doré, les offron a l'éfan ;
Mais quand Jousset lé sarrit din sé biasses,
Lo Rey Moret (6) s'en allit dépétan (7).

---

(1) Son sein.
(2) Lait caillé.
(3) Le bout du sein.
(4) La framboise.
(5) Son nourrisson.
(6) Le roi maure.
(7) Se dépitant.

5.

Ul et plus nier que ney notrou cumaclo (1),
A lou chaveu frisa comme un agnet,
Et lou savou farrit un grand miraclo
Si l'y poyet un pou blanchi la pet.
U dépétit (2); mais quand sa conscienci
Li reprochit, u n'en fut si mari,
Qu'ul eussiet fat trey mey de penitenci
Sil eusse pouy la fare à Mont-Fleuri (3).

---

(1) Notre crémaillère.
(2) Il se fâcha.
(3) Mont-Fleury, monastère de Dames, près de Grenoble.

N° X.

POÉSIES LÉGÈRES.

CHANSON CONTRE LES FEMMES,

Par Jean MILLET, 1665. (*Bibliothèque Impériale*, n° Y, 6191.)

Le Fene de Grenoblo
Sont de mau contenta,
Faut avey bona boursa
Et la fare tinta.

Quand lour chambe sont lasse
Lou pied lour faut gratta;
Quand la son les attaque
Faut vite chuchuta.

Quand lo jour le reveille
D'œu frais lou faut porta,
A la moda nouvella
Le faut attifesta.

Per dina faut attendre
Qu'elle ayont bigotta,
Et qu'après lour servente
Ley ayont tempesta.

A le carte, à le danse,
Lour faut tout supporta,
Bien-heurous sont lous home
Qui le layssoun eyta.

AUTRE.

1.

Après un Baccus et Cérès
L'amour ét la meillou pidansi;
Chacun dit per son intérêt
Qu'après la pansi vin la dansi;
Ajeun l'on ne pot badina,
Vive l'amour après disna.

2.

Sen cellou dou bon nourrissié
Les amour ne sarion qu'idole;
Ne se nourri que de beysié
Tout aussito lo cour pendole;
Ajeun l'on ne pot badina,
Vive l'amour après disna.

3.

Toute le plù chaudes amour
Jalarion comma pata reyda,
Si tan solamen per un jour
La cuisina deveniet freyda.
A jeun l'on ne pot badina,
Vive l'amour après disna.

4.

Amour ne sariet triumphan
Si ceu coblo ne luy aydave;

L'amoïrou maudiriet l'éfan
Si d'un po de fam u badave.
Ajeun l'on ne pot badina,
Vive l'amour après disna.

5.

La musetta ne pot chanta,
Si n'est plena jusqu'à la gorgi,
Insi l'amour est enchanta
Si gnat de que soufla la forgi.
Ajeun l'on ne pot badina,
Vive l'amour après disna.

6.

Lo mariageo devin cretin
Si gnat de que coiffié la tabla,
Vey qui perque lo mondo tin
Per chosa la plus veritabla
Qu'ajeun l'on ne pot badina,
Vive l'amour après disna.

DÉSESPOIR D'AMOUR.

1.

Que faray-je, pouret,
Puisque l'amour m'est aygro,
Comme un aren souret
Je voey deveni maygro;
Mon arma deysola
Ne se pot consola.

2.

U ven de mou souspi
Perdan ma tourterella,
Mon groin vat mieu flappi
Que flou brisia de gréla,
Et mon cour morfondu
Vat estre tout foundu.

3.

Je seu dezeretta
De touta l'espéranci.
Gnat point de poureta
Ni même de souffranci
Si granda su lo cour,
Que la perta en amour.

4.

L'air debvriet s'embronchié
De ma mina malada,
Et tout cestou rochié
Qui ont prey la pelada,
Debvrion plen de chalou
Fendre de ma doulou.

5.

Mais l'air s'en eyclarcit
Et fat rire sa faci,
Et lou rochié massit
Ne me monstron que glaci;
Tout jusqu'us animau
Se mocque de mou mau.

6.

U lieu de fare eu rut
De me plou, que sen cessa
Colisse avec un brut
U pié de ma maîtressa,
La terra apra de four
Le bet comme un rafour.

7.

Puisque de tout secour
L'espéranci renverse,
Faut que j'aye recour
A la mort qui tout verse;
Aussi ben je seu la
D'avei tan barrula.

8.

O mort que j'ai chosi
Per ma granda medailli,
Et qui fa tout musi,
Vin seya de ta dailli
Lo fi prin de mou jour,
Vengi me de l'amour.

APOSTROPHE A L'AMOUR.

Amour, que te sert la victoëri,
Si, après avey morfondu
Mon cour qui à ti s'est rendu,
Tu t'en laïsse ravi la gloëri !
Ah ! tu n'es pas assez muni
De force per mon assuranci ;
Car tu ne po pas mieux teni
Que la Souvoey contra la Franci.
Tu és Dieu, mais ici tu po moins que l'Anglocy
Qui se dit rey de Franci, et en recet la ley.

Ici te force sont esclave,
Car ton bra douillet et caillot
Enveloppa de lour maillot
Ceddont à tout ce qui te brave ;
Per ceu moyen à tout momen
La mort me presenta sa dailli,
Non pa per fini lo tormen
Dont je seu toujours en batailli,
Mais affin que la pou me fasse may de mà
Avant que de mouri, per t'avey trop ama.

N° XI.

SERMENT DE LOUIS LE GERMANIQUE, EN 842.

Beaucoup d'auteurs ont rapporté ce précieux fragment de notre ancienne littérature, monument unique de l'état de la langue romane au neuvième siècle; mais, dans presque tous ces auteurs, le texte de ce serment offre des différences. On peut regarder celui que nous publions comme le plus authentique, puisqu'il est extrait du précieux manuscrit de Nithard qui existe à la Bibliothèque Impériale, parmi ceux du Vatican, n° 1964, *in-folio*. M. Roquefort a orné son utile *Glossaire de la langue romane* d'un calque gravé d'après ce manuscrit; il est donc impossible de donner au texte de ce serment une plus grande exactitude, puisqu'il est pour ainsi dire un *fac simile* du manuscrit.

Texte.

« Pro Deo amur et pro christian po-
» blo et nostro commun salvament, dist

» di en avant, inquant Deus savir et
» podir me dunat, si salvarai eu, cist
» meon fradre Karlo, et in adjudha,
» et in cadhuna cosa, sic un om per
» dreit son fradra salvar dist, moquid
» il nun altresi fazet; et ab Ludher
» nul plaid nunquam prindrai qui meon
» vol cist meon fradre Karle in damno
» sit. »

Traduction française.

« Pour l'amour de Dieu et pour le
» peuple chrétien et notre commun salut,
» dès ce jour en avant, en tant que
» Dieu me donne savoir et pouvoir, je
» sauverai (défendrai) Charles ce frère
» à moi, et l'aiderai en toutes choses,
» comme un homme doit par justice sau-
» ver son frère, et pourvu qu'il ne fasse
» pas autrement; et je ne prendrai ja-
» mais avec Lothaire aucun arrange-
» ment qui, par ma volonté, devienne
» nuisible à mondit frère Charles. »

Dans la même circonstance les seigneurs français garantirent en quelque
sorte, par un serment, celui de leur roi

Charles. Le voici d'après le même manuscrit :

SERMENT DES SEIGNEURS FRANÇAIS.

« Si Lodhuvigus sagrament que son fradre Karlo jurat, conservat, et Karlus meos sendra de suo part non lo stanit, si io returnar non lint pois, ne io, ne neuls cui eo returnar int pois, in nulla ajudha contra Lodhuvvig nun li iver. ».

Traduction française.

« Si Louis observe le serment que son frère Charles a juré, et que Charles mon seigneur, de son côté, ne le tienne pas, si je ne puis l'y ramener, ni moi, ni aucun que je pourrai y ramener, ne lui serons d'aucun secours contre Louis. »

Les deux traductions françaises que je donne ici ne sont pas exactement les mêmes que celles qu'on a publiées jusqu'à présent : celle du serment des seigneurs français contient particulièrement beaucoup de différences; mais il me serait facile de les justifier et de prouver que ces deux traductions sont les plus exactes de toutes celles qui sont connues. Je suis, au reste, persuadé que les deux textes romans ont été mal lus, et j'aurais proposé plusieurs variantes, si je n'avais pas été forcé par là d'entrer dans une discussion qui serait déplacée ici. Ce même serment de Louis le Germanique a été traduit dans le douzième siècle; je le rapporte ici comme pouvant servir à appuyer le sens que j'ai donné à plusieurs passages.

SERMENT DE LOUIS EN LANGUE ROMANE DU DOUZIÈME SIÈCLE.

« Por Dex amor, et por christian pople et nostre commun salvament, de cest jor in avant, en kant Deus saveir et pooir me done, si salvarei ieo cist meon frere Karle, et en ajudhe seroi en cascune cose si cum um per dreit sun freire salvar dist, en oki il me altresi faset, et à Lothaire nul plaid n'onques prindrai qui par mon voil à cist moun frere Karle en damn seit. »

N° XII.

PATOIS DU XIIIe SIÈCLE.

Marguerite, fille d'un seigneur de Duin, en Savoie, dans le treizième siècle, fut prieure de la Chartreuse de Sainte-Marie de Poleteins, paroisse de Mionnay, en Bresse, entre Bourg et Lyon. Elle mourut dans ce monastère le 9 février 1310. Son éducation fut mieux soignée que ne l'était alors en général celle des femmes, et on a trouvé dans les archives de ce monastère plusieurs écrits de cette prieure, *tous en patois*, et d'autant plus intéressans que la plupart portent une date bien constatée. Le manuscrit unique qui les contient est entre mes mains; ce sont: 1°. des *méditations dévotes* avec la date de l'année 1226, et commencées le dimanche de la septuagésime, cinquante-une pages in-4°.; 2°. trois chapitres de *visions* remplissant dix-sept pages. Ce traité fut présenté au révérend père dom Boso, au chapitre général des Chartreux, en 1294, par le frère Hugues, prieur de

Valbonne, à qui Marguerite l'avait précédemment adressé ; 3°. cinq *lettres* et trois *prophéties* ; 4°. le même manuscrit contient *la vie de Sainte-Béatrix d'Ornacieux ;* mais quoique le style et le langage soient les mêmes dans cette dernière pièce que dans les précédentes, il n'est pas sûr que Marguerite de Duin en soit l'auteur. Parmi ces écrits j'ai choisi le premier chapitre de ses visions, que j'ai cru devoir publier comme appartenant à un siècle dont il nous reste assez peu de monumens littéraires originaux et d'une date bien certaine ; d'ailleurs il ne faut pas oublier que les ouvrages en langues vulgaires des provinces de la France, autres que la Provence et le Languedoc, sont très-rares, et je crois que c'est rendre service à la littérature nationale que d'en faire connaître le plus grand nombre possible.

Chapitre premier des visions de la bienheureuse Marguerite de Duin.

Oy me semblo que you vos ay huy dire que quant avez huy racontar alcuná graci que nostres sires à fayt a acuns de sous amis, que vos valés meu grant temps et perçoque yo desivro vostra salvament assi como yo foy lo meis, jo vos diroy al plus briament que porroi una grant corsesi que nostres sires a fayt a una persona que yo coneisso non a pas mout de temps; et perçoque illi vos tort a plus grand profit, yo vos direy la reyson pro que crey que Deus las ly a fayt. Citi creatora per graci de nostre seignor aveyt escript en son cor la seinti via que Deus Ihesu Christ menet en terra, et sos bons exemplos et sa bona doctrina. E aveit illi neis lo dous Ihesu-Christ en son cor que oy li eret semblant alcuna veis que il l'y fut présent, et que u tenit un livros clos en sa mayn per liey ensennier. Cis livros eret toy escret per defor de letros blanchas, neyras et vermillas. Li femel del livros erant escrit de letros d'or; en les letros blanchas eret escrita li sauncta conversations al beneit fil Deu, liquaus fut tota blanchi por sa très grant innocenti et por se sanctes oures. En les neyras erant escrit li col et les templéas et les orduras que li juë li gitavoun en sa sausti faci et per son noble cor, tant que il semblevet estre mescus. En les vermillas erant escrite les plaës et li pretiou sans qui fot espanchiés por nos. Et pos eran dos femeus qui closant lo livros qui erit escrit de lettros d'or. En l'un aveyt escrit : *Deus erit omnia in omnibus;* en l'autros aveyt escrit : *mirabilis Deus in sanctis suis.* Or vos diray briament comant ci creature se estadiavet en cet livros. Quand veneit lo matin, illi commençavet a plorar et pensar coment ly beneys fius Deu volit descendre en la miseri de ce mont et prendre nostra humanita, ajotar a sa deita en tal maneri que l'on puet dire que Deus qui eret immortau fu mors por nos. Après illi penseva la grant humilita que fut en el, et pues pensava coment el volit ostre persegus tos jors. Après pensava en sa grant poureta y en sa grant patianci, et coment el fu obedissens tant que a la mort. Quant illi aveyt ben regarda cet livro, illi commençavet à liere el livro de sa concienci, loquel illi trovaret tot plen de foueuta et de meconges. Quant illi regardavet la humilita Ihesu-Christ, illi se trovavet tota pleyna de guel. Quant illi pensavet qu'el volit estre mesprésies et persegus, illi trovavet en se tot lo contrary.

N° XIII.

VOCABULAIRE ALPHABÉTIQUE

Des mots les plus difficiles des Idiomes vulgaires du département de l'Isère.

Nous croyons ne pouvoir mieux terminer cet Appendix que par un Vocabulaire des mots les plus difficiles qui se trouvent dans les patois du département de l'Isère. Cette série n'est pas très-nombreuse, et nous ne la donnons pas pour complète. Mais, telle qu'elle est, elle pourra être utile et faciliter l'intelligence des pièces imprimées dans ce volume.

A.

Abasima, abîmer, détruire.
Abada, terme de berger ; *Abada lo tropè*, donner la clef des champs aux troupeaux qu'on mène paître.
Abasourdi, étourdir, assommer.
Ablagié, ravager, piller, faire du dégât.

Accana, accabler, suffoquer, oppresser.
Accapa, acroupi, caché.
Achampa, chasser, poursuivre.
Achina. Se dit d'une personne qui par amour en poursuit une autre.
Accoindo, assemblée de famille pour un mariage, fiançailles.
Accora, donner du cœur à quelqu'un, encourager.
Accoursa, voler au secours de quelqu'un.
Ada : *jo siou ada*, je suis à mon aise.
Aduré, amener.
Affichié, s'opiniâtrer, soutenir une chose avec chaleur.
Agi, haie, buisson.
Agippi. Se dit du pain qui n'est pas bien levé.
Aigrat, grappe de raisin qui n'est pas mûr.
Aigreta, oseille.
Aigrevo, le houx, arbrisseau.
Aimò, bon sens : il ne s'emploie que dans le sens privatif.
Aissetta, petite hâche, l'herminette.
Allica : *filli allica*, fille bien parée.

Annechèli, extenué de besoin, mourant de faim.
Apondré, alonger, ajouter, raccommoder.
Apprari, mettre un champ en pré.
Araré, charrue pour le labourage.
Argueu, serpent appelé orvet.
Armailli, troupeau de bêtes à cornes.
Armarina, osier.
Asségrégié, arranger, mettre en ordre.
Attaffeïer, planter.
Avengier, achever, terminer.
Ayal, la branche principale d'un arbre.

B.

Bachassi, abreuvoir, bassin de fontaine.
Bacon, porc.
Bada, ouvrir la bouche, bâiller.
Bada-bec, se dit proprement des personnes qui aiment à jaser.
Bageo, sage par excellence.
Bayar, espèce de civière propre à porter des fardeaux.
Baïlé, nourrice gagée.—On donne aussi ce nom au chef des bergers qui, de la Provence, conduisent de nombreux

troupeaux de moutons sur les montagnes du canton d'Entraïgues.

Bambochi, canne, bâton.

Banata, vaisseau en bois pour les usages domestiques.

Bandigola, se donner des airs en marchant, remuer les jambes quand on est assis; *adj.* décontenancé.

Baragni, espèce de garde-fou pour assurer le passage d'un ruisseau sur une planche mise en forme de pont.

Barboeüri, masque, personne déguisée.

Bardana, punaise.

Barfouillar, bavard, parleur perpétuel.

Baritel, tamis pour passer la farine.

Barouchi, fantôme placé au milieu des champs ensemencés, pour éloiguer les oiseaux.

Baruffa : faré la baruffa, faire des mines refroguées.

Barula, rouler en bas.

Basi de fan, mort de faim.

Bedin-Bedot, nom d'un jeu d'épingles.

Beichavet, hoyau pour bêcher la vigne.

Beitour, pilon pour le sel.

Beliau, peut-être.

Belluar, guêtres.
Berlio, colline.
Berloda, tout ce qu'on donne après un marché convenu.
Big, Biga, montagnards.
Bimbola, barriolé, de diverses couleurs.
Blanda, chenille.
Bordaluneïri, brandon qu'on allume à certaines époques de l'année.
Bordeïri. Se dit des mouches et autres insectes qui font du bruit en volant.
Bot, crapaud.
Bratà, chanceler.
Bret. Se dit d'un arbre dont les branches et les racines s'étendent sur deux pièces de terre appartenant à deux maîtres.
Burlet, bâton ferré, bâton pour se battre.

C.

Cacareïé. Se dit du bruit que font les poules quand elles veulent pondre.
Cacarochi, contusion à la tête.
Cachemeilli, cachette pour l'argent, tire-lire.

Caillot. On appelle ainsi un enfant qui tête et qui se porte bien.

Cambreïa, réunion de petits enfans.

Carcailli : porta en carcailli, porter quelqu'un sur les épaules.

Carcavel, grelot, sonnette.

Caret, rance, gâté.

Catella, poulie, et particulièrement celle d'une chaîne de puits.

Cayon, porc.

Chabouna, finir, terminer.

Chabuclo, nielle qui gâte les blés.

Chalà, petit sentier, particulièrement celui qu'on fait sur la neige.

Chalenda, jour de Noël.

Chambrò, écrevisse.

Champeïé, chasser un troupeau devant soi.

Chanavari, charivari.

Chandillon, chenevotes, tiges du chanvre dépouillées.

Chanistella, corbeille, panier.

Chapla, couper en morceaux; frapper à une porte.

Chapit, charpente provisoire.

Chapota, couper en morceaux.

Charà, écurer, nettoyer.
Charamelà, jouer du chalumeau.
Charat et Charot, blessure.
Charcon, chouette.
Charin, arbre qui ne vient pas bien.
Charoupa, épithète injurieuse.
Charpéna (sé), se quereller.
Chateni, arrêter un bœuf ou un mouton par la corne.
Chatrou, syrinx, flûte à Pan.
Chauchié, fouler aux pieds.
Chava, creuser dans la terre.
Choley, lampe rustique.
Chourela, raisins que les grapilleurs trouvent après les vendanges.
Chotié, gaucher.
Chougnié, manger, en parlant des animaux.
Cimoussa, lisière des étoffes.
Civier, ancienne mesure des grains et des terres.
Claffi. Se dit d'un bois épais et d'un arbre chargé de fruits.
Cleupleion, natte de chaume.
Clussi, poule couveuse.
Coeita, empressement.

Colanchié, glisser; *colanchon*, glissoir.
Combeïe, imbiber d'eau.
Commessura, second timon d'un charriot pour y atteler plusieurs bœufs.
Corailli : avei la corailli, avoir des nausées.
Cordeï, gâteau, échaudet.
Cornille, bourgeon des extrémités de la vigne.
Cosséal et *cossial*, blé méteil.
Cossien, convenable, bienséant; *maucoussent*, impertinent.
Coti, manger; *u ne pot pas coti*, en parlant d'un malade, il ne peut rien prendre.
Coucouara, hanneton.
Couët, attrapé, trompé dans son attente.
Coutouilli, vase de terre pour les liquides.
Couven, vin fait avec le marc de raisin pressé et remis dans la cuve avec de l'eau.
Creil, berceau d'un enfant en très-bas âge.
Creitin et *créiti*, goîtreux, malade, indolent.
Crenel, cage à poulets.

Cristolet, fat, fanfaron.

Croeï, fruit vermoulu.

Croset, petit morceau de pâte étendu avec le doigt et roulé, dont on fait la soupe.

Crosson, berceau; *crouissa*, bercer.

Crusieu et *creisieu*, lampe.

Culut, ver-luisant.

Cumaclo, crémaillère.

D.

Dadolin, traînard, paresseux.

Dagni. Voy. *Chandillon*.

Dailli, faux.

Daloueïri, petite hache.

Darbon et *Darbou*, taupe.

Darna, ver qui ronge les livres et les étoffes.

Darneïat, pigrièche.

Deiboullié, gâter, défaire, détruire.

Deicomota, délayer.

Deicorou, sale, malpropre, qui répugne.

Deifrina (*sé*), se chagriner, s'emporter.

Deiga, sobriquet.

Deipotenta, hors de service.

Deirochi, tomber du haut d'un arbre, d'une échelle, etc.

Deisalabarda. Se dit du coq dérangé qui chante avant l'heure ordinaire.

Deitra, hache pour équarrir le bois.

Densi, de cette manière-ci ; *denguy*, de cette manière-là.

Derbi, dartre, humeur dartreuse.

Dorchi: *virié dorchi*, tourner le dos; *regarda dorchi*, regarder de travers.

Dorgassi, dorgasse, terme injurieux.

Dou, fiel de bœuf, de veau, de mouton, etc.

Drachi, grappe de raisin après qu'elle a été pressée.

Dray, ravine.

Drouilli, morceaux de bois, écoupeaux.

Drugeïé, se réjouir, sauter de joie.

Dumatio, douillet, mignard.

E.

Eibandi, s'épanouir, en parlant des fleurs.

Eibarna et *eibaterna*, ouvrir les portes et les fenêtres.

Eiblesi. Se dit des étoffes et du linge qui sont usés.

Eibluesa et *deibllussa*, effeuiller une fleur.

Eicalambra, écarter les jambes.

Eicarcailla, même signification.

Eichaca, écailler.

Eichagni, dévidoir pour le fil.

Eichallié, ôter le brou des noix.

Eicharavay, cerf-volant.

Eicharbota, éparpiller.

Eichargnié, se moquer.

Eichari, flétri, ridé.

Eicharognié, égratigner.

Eiclapa, casser, en parlant des ustensiles de bois et de terre.

Eiclop, sabot.

Eiclussi, maigre, exténué ; *eicruci*, idem.

Eicondre, cacher.

Eicouré, battre le blé.

Eigareta. Se dit d'une personne fatiguée.

Eigariffa, griffonner.

Eiglaïé, glisser en marchant sur la glace.

Eiglat, fronde des bergers.

Eiloeïdo, éclair.

Eimapa, laisser échapper des mains.

Eipelut, étincelle.

Eipinguela, danser, chanter, se livrer à une joie bruyante.

Eisibla, oublier.

Eitela, éclat ou écoupeau de bois, petite bûche.

Eiterpa, couper, briser, fracasser.

Eitoublo, chaume.

Eitrassié, gâter, embrouiller.

Eitrema, redresser une chose pour la conserver.

Embossou, tonneau, barrique.

Empani, en parlant des verres et des glaces qui sont sales.

Empura, allumer le feu, faire brûler le bois.

Enchapla, piquer la meule d'un moulin.

Enjarrana, entortillé, embarrassé.

Enqueü, aujourd'hui.

Entretant, en attendant.

Escopeta, donner les étrivières.
Eurusson, hérisson.

F.

Faï et *faye*, fée : *la faye de Sassenageo* se dit proprement de Mélusine.
Faicella, vaisseau pour faire cailler le lait.
Faillibourda et *faribourda*, sornette.
Fanfourgni, mauvais violon.
Fantumou, visionnaire, qui croit voir des fantômes.
Faret, mêche de chandelle et de lampe.
Faribola. Voyez *faillibourda*.
Faya, ensorceler, soumettre au pouvoir des fées.
Fayar, hêtre.
Fayturier, celui qui dit la bonne fortune.
Feia, brebis.
Fessou, instrument pour fosser la vigne, et qui ressemble au hoyau.
Fioula, boire, en parlant des ivrognes.
Fissard. Se dit particulièrement d'un enfant malpropre.

Flamenchi, laine d'un mouton qui n'a pas été tondu.

Flat, odeur.

Flosà. Se dit de la chaux qu'on fait éteindre dans l'eau.

Flustran et *frustran*. On se sert de ce mot en jouant aux cartes, pour dire qu'on n'a pas de la couleur jouée.

Foeïta, peut-être.

Fragnio, frêne.

Franda, fronde.

Frandolou, frileux, qui craint le froid.

Frequeira, soupe faite avec de la farine et des œufs.

Fricandela, jeune fille vive et légère.

Frico, homme enjoué, gaillard.

Froma, soutenir par un pari, assurer.

Fromioula, frissonner.

Fuità, s'absenter du logis.

Funa, espèce de fourche propre à prendre le poisson.

Fussi et *fulsi*, appuyer, soutenir une opinion.

G.

Gabiot, bourbier, marre d'eau.
Gaburron, fromage fait avec du lait sans crême.
Gaffa, gueyer l'eau; *gaffo*, gué.
Gailli. On donne ce nom à une personne qui a la voix aiguë et perçante.
Gaillosa, glouton, grand mangeur.
Galabontem, bon vivant.
Galantana, espèce de pomme.
Galistran, fainéant, malfaiteur.
Gallibourda, faire bombance.
Gambei. On donne ce nom aux boyaux du cochon.
Gandin, imbécille, nigaud.
Gandola, tasse en bois.
Ganippa. Se dit d'une personne couverte de haillons.
Garen, corde de la toupie.
Geï et *Gieï*, élans, efforts.
Geini, marc de raisins.
Gergey, fond d'un tonneau.
Gingeolin et *zinzolin*, couleur tirant sur le jaune clair.

Godineta, fille publique.

Gogié, ébranler, remuer.

Gonella. On donne ce nom aux femmes qui ont un air niais.

Goubio et *gobio*. Se dit des doigts contractés par le froid.

Gouchié, fouler aux pieds.

Gouï, serpette à tailler les arbres.

Gourrairement, fièrement, orgueilleusement.

Grailli, corneille. Une porte de la ville de Grenoble porte ce nom.

Granatari, marché aux grains.

Grassola, claie dont on se sert pour glisser sur la glace.

Gratusi, râpe.

Gravola, écrou d'un pressoir à vis.

Grobin, panier, hotte.

Grola, châtaigne produite par le châtaignier greffé.

Gromola, trembler de froid.

Gueimenta, se lamenter, se plaindre.

Guenella: fare guenella, tromper.

Guerlio, louche, qui regarde de travers.

Guieta, cruche.

Guinchié, viser, en parlant de ceux qui tirent un fusil.
Guionet, imbécille; Percerette.

H.

Herpi, herse.
Hora, maintenant.
Huert, jardin.

I, J.

Jacineiri. On donne ce nom à une femme en couche.
Jail et *jailli*, jaune, en parlant des animaux. Ce mot signifie aussi de couleurs diverses.
Jala, geler, gelée, froid.
Jalandro, froid extraordinaire.
Janin, imbécille, nigaud, fat.
Jappeta, caqueter, jaser.
Jar, l'aiguillon de la guêpe et de tout autre insecte.
Iguen, ceci, cela.
Igui, là.
Jivri, temps des frimats.
Ilo, le lys.

Jolamen, lentement, doucement.

Joucle, courroie de cuir qui attache les bœufs au joug.

Jouïre et *jouïé*, jouer à des jeux amusans.

Isela, sauter, s'amuser.

L.

Lagni, pleurs, lamentations, cris de désespoir.

Lamma, boue, d'où l'on a fait *s'en-lamma*, se crotter.

Landra. Se dit des filles dissipées, qui aiment à courir.

Langueira, être lent à faire son ouvrage.

Lapio, céleri.

Larica. On donne cette épithète à un grand causeur.

Larmus, lézard; *larmusa*, le lézard gris.

Lasset, exclamation, hélas!

Leichi, morceau de pain long et mince.

Limosin, affamé, grand mangeur.

Lipa, tranche de pain.

Lloupa, boue.

Loëvis, ceinture de femme à laquelle

sont attachées toutes les clefs de sa maison.

Lourissa, salamandre.

M.

Machi tourta, bouleau.
Machura, noircir, salir.
Maclas, terme injurieux. On appelle ainsi une femme perdue.
Maclun, colique néfrétique.
Magin, mauvais.
Magitela, faire le maître.
Maïe, fête que les enfans célèbrent aux premiers jours du mois de mai, en parant un d'entre eux et lui donnant le titre de roi.
Maïeri, longue perche.
Maïoussa, framboise, fraise.
Maissoler, dent molaire.
Malagra, maussade, grondeur.
Mallié, tordre, entortiller.
Manon, paquet de chanvre.
Marci, flétrir.
Marcoura, décourager, dégoûter.
Marma, sorte de serment, *sur mon âme*.
Marpailla, manger avec sensualité.

Mata, pétrir, faire du pain.
Matafan, mangeur insatiable.
Maton, pain de noix.
Mazio. Se dit des fruits flétris.
Mei, milieu; mois; plus.
Meina, petit enfant.
Meissi, pampre de la vigne.
Menon, bouc châtré, destiné à être salé.
Miel, tas, monceau.
Migrana, grenade.
Milza, rate, en parlant des animaux.
Mira, chate.
Moda, partir, déloger.
Moda, lâcher. Il se dit proprement des cordes avec lesquelles on remonte un bateau.
Mollar, lieu élevé, colline.
Monda, en parlant d'une noix, éplucher.
Mottet. On donne ce nom à un jeune enfant en le caressant.
Moucherla, fauvette. On donne ce nom à une personne maigre et grande.
Mouenda, donner le premier labour à la terre.
Mourliet, grillon.
Mourquintela, capricieux, fantasque.

Muranchi, maison bâtie en pierre, par opposition à *paitlanci*, maison couverte de paille.

Murissin et *murisson*, andouille.

N.

Nafra, balafre, large blessure.

Naisié. Se dit du chanvre qui est dans le routoir.

Nanochi, corruption d'Anne et Nanette.

Néi, neige.

Neigun, personne.

Nensen, nulle part.

Nertha, myrthe.

Niaulard. Se dit d'un enfant qui pleure souvent.

Nibla, milan, oiseau de proie.

Nichola et *nivola*, exténué, souffrant.

Noëïta : porta noëïta, porter préjudice.

Nol, orfraye, oiseau.

O.

Olfa, neige : *blan comme l'olfa*, blanc comme la neige.

Olla, marmite.

Ombra, mouiller légèrement.
Ombréla, ombre des buissons.
Ora, vent.
Ordon : *mena l'ordon*, être à la tête des vendangeurs.
Où, noyau d'un fruit.
Oueïro, outre, peau de bouc.
Oulagni, noisette.
Oura, ouvrage, chose.
Ova, faire l'œuf, en parlant des poules.
Oyan, l'année dernière.
Oyata. Se dit de personnes qui marchent comme les oies.

P.

Pagnota, homme peureux, délicat.
Paillassieu, lange dont on enveloppe un enfant nouveau né.
Paimo, accablé de fatigue.
Palicot et *paligot*, petit pieu.
Palillon, pain de noix.
Pana, nétoyer, en parlant des meubles en bois.
Panoussa, poltron, lâche.
Papet, bouillie pour un jeune enfant.

Parmela, fuseau chargé de fil.
Parmia, muer, en parlant des bœufs.
Parpaillou, papillon, enfant gai.
Partou, couteau de boucher.
Peï, pois.
Pei lombard, haricots.
Peilli, gazon.
Peitavin, osier.
Peiturina, poitrine.
Penade : fare penade, faire des efforts.
Pendola, pendre.
Penella, nacelle, barque.
Pereïro, carrière d'où l'on tire la pierre.
Persilla, mot qui sert à qualifier un fromage qui commence à bleusir.
Pertuis, trou, ouverture ; *pertusier*, percer.
Petafin : fare petafin, faire mauvaise fin, finir malheureusement.
Petolier, tardif, qui arrive le dernier.
Peyret, peyrol, chaudron.
Pià, trace d'un animal.
Picota, mesure : *beré picota*, boire bouteille.
Pié coupet, jeu auquel jouent les enfans en sautant sur un seul pied.

Pimpona, paré, habillé avec prétention.
Piot, vin, boisson en général.
Pipa, primevère.
Piquerna, chassie.
Pisié, piler.
Pissichin, panaris.
Pitro : *avei quoqua ren din lo pitro*, avoir quelque chose sur le cœur.
Planot, grimpereau, oiseau.
Platro, place de village où les habitans se réunissent.
Plauta, patte d'un animal.
Plautra, boue, bourbier.
Poeishier, depuis peu.
Poeisse, puis, tantôt.
Pogeo, pouce.
Pogni, tourte aux herbes.
Poïa, monter.
Ponchi : *reteni ponchi*, se réserver une portion sur une chose trouvée.
Possona, teter, en parlant des animaux.
Potringa, résiné, médecine.
Pottet, petit creux fait dans la terre pour un jeu de noisettes.
Poü, peur; *poŭ*, peu.
Poua, tailler la vigne, les arbres.

Poupet, teton, mamelle.

Poupousa, poupée.

Pourchet, pièces de cochon frais.

Pourges. On nomme ainsi le fruit que l'on abat avant qu'il soit mûr.

Pousset. On donne ce nom à plusieurs plantes aromatiques, telles que le thim, le serpolet, la marjolaine, et celles que l'on fait sécher pour les réduire en poudre, et s'en servir dans les apprêts.

Prin, prima, fin, délié, chétif.

Proudra, saupoudrer.

Prouleïri et *preuil*, second timon ajouté à celui d'un charriot.

Pugnerea, ancienne mesure qui était la sixième partie du quartal.

Puzi et *piouzi*, poussain.

Q.

Quaïsié, avec le pronom personnel *sé*, se taire.

Quam, jeu que l'on appelle en français *Jeu de la crosse*.

Quartal et *Quarta*, mesure pour les grains.

R.

Raca, vomir.
Rada, petite pluie qui ne dure qu'un moment.
Raduri, racloire dont on se sert pour mesurer les grains.
Rafatailli, canaille.
Rafoulou, ravaudeur, tracassier.
Rafour, four à chaux. On trouve dans les anciennes liturgies des Chartreux des prières pour bénir les fours à chaux nouvellement construits.
Raillé, braise qui reste dans le foyer de la cheminée quand le bois est brûlé.
Raïsi, raisin. Voici les noms qu'on donne aux différentes espèces de raisin connues : *becu, cugneta, eïtreiri, goulu, larda, mondousa, petorcin, poussa de chioura, rossana, verdeïa*, etc.
Raissié, caneler, rayer.
Rampal, rameau ; *dimanchi dei rampau*, le dimanche des rameaux.
Rancheisié, râler, ronfler.
Ranqueta, grenouille.
Ratapena, chauve-souris.

Ratella, la rate.
Ravanella, radis, petite rave.
Ravata, laine grossière.
Raviola, pâtisserie grossière.
Reboullié, regarder attentivement.
Rebucité, à rebucité, à rebours.
Rebuti, crochu, crispé.
Rechalux, braise.
Recoti. Se dit d'une personne qui a les cheveux courts et frisés.
Regonfo, abondance.
Reguina, regimber, s'opiniâtrer.
Reime, rachat.
Remagnie, sermoner, murmurer.
Renevie, regratier, revendeur.
Repairié (sé), se retirer, rentrer chez soi.
Requinquillé (sé). Se dit des vieilles femmes qui se mettent du rouge et soignent trop leur toilette.
Retraïre, rassembler, réunir.
Reveïson, temps des Rogations.
Reverchié, retrousser.
Revicola, ressusciter, revenir d'une longue maladie.

Revola, repas de fête pour les domestiques d'une ferme après la fin de la récolte.

Riorta, lien d'un fagot.

Risina, petite pluie qui ne dure pas long-temps.

Rista, filasse de chanvre.

Rivoïero, bois de chêne.

Roeïma, ruminer.

Romananchi, vase de bois dans lequel on mesure le fruit pour le diviser en plusieurs portions.

Romié, pèlerin qui vient de Rome.

Rouchié, ronfler.

Roula, cercle tracé sur la terre.

Ruchi, tan, écorce de chêne.

S.

Sabraza, éparpiller la braise du feu.

Sacochi, ivrogne.

Sado, savoureux, agréable au goût.

Sagni, fond d'un bourbier.

Sandeïé, jurer par Dieu.

Sapina, soc de la charrue.

Sappat, racine d'un arbre dont on a coupé le tronc.

Sarassou, recuite ; fromage sans beurre.
Sarmoeïri, saumure.
Sarvy, sauge.
Sauma, ânesse.
Segrola, secousse, ébranlement.
Seï, soif.
Seïé, faucher un pré.
Seita, scie ; *seita*, scier ; *seitaïre*, scieur.
Sema, *semena*, *sena*, semer les grains etc.
Semon, *fare semon*, faire du volume.
Serou, sœur.
Servages, sauvage.
Seu, sureau.
Sia, remuer, mouvoir.
Siba, point de mire, ou tir de la sible.
Sibla, siffler ; *siblet*, sifflet.
Sisampa, vent coulis.
Sisinna, faire un bruit semblable à celui du vent.
Socrei, façon de parler qui indique le doute.
Solié, plancher isolé qui est jeté au-dessus d'un sol et près d'une grange.
Solar, soulier.
Solombra (*se*), se mettre à l'ombre.

Souque, seulement.

Soura, restes; *soura*, rester, épargner.

Souta, abri; *se bita à la souta*, se mettre à couvert de la pluie.

Suchi, suie.

Surecille, sourcils.

Supeitou, soupçonneux.

T

Ta. C'est le cri du charretier qui veut faire arrêter un cheval.

Tachi, tache, clou.

Taccola, tourniquet qui sert à fermer une porte ou une fenêtre.

Tacon, morceau de cuir ou d'étoffe propre à raccommoder; raccomodage.

Tafagnon, tafaignon; *prendre lo tafagnon*, se fâcher.

Talapet, auvent, volet.

Tapota, battre, maltraiter.

Taravella, tarière.

Tarusié, percer, trouer.

Tartave, plante appelée crête-de-coq.

Tavan, frelon.

Tempena, faire du bruit.

Tevengi, rangée.

Tievola, tuile, brique.
Tignou, hargneux, méchant.
Tina, cave; *tinellar*, petite cave.
Tisica, harceler, agacer.
Toma, fromage mou.
Tortel, beignets, petits gâteaux.
Tortipes. On appelle ainsi un homme qui a les jambes torses.
Toussio, amer, qui a un goût désagréable.
Toutpur, maintenant, à l'instant.
Touva, tuf, agglomération pierreuse.
Trafichi, espèce de fourche dont on se sert pour pêcher la nuit.
Trafora, percer de part en part.
Trailli, corde qui sert à un bac.
Tralure, briller.
Trapita, trépigner.
Trau, solive, poutre.
Trayen, fourche à trois dents.
Tremola, le tremble, arbre.
Trepa, fouler aux pieds.
Triavo, chemin qui conduit à trois routes différentes.
Tronchi, tronc d'arbre.
Trouillé, presser le vin.

Trouillandié. Se dit d'une personne malpropre.

Troussa, couper avec la hache.

Tuba, fumer, *tubo,* fumée.

Turlura, jouer de la flûte.

Tussi, tousser.

V

Var, raisin qui commence à se colorer.

Varei, encombre, embarras.

Varon, bouton, pistache.

Vaudo, Vaudou, fête patronale d'un village.

Veï, fois; *una veï,* une fois.

Veïari, château-fort bâti sur une éminence.

Veïperna, soirée.

Vel, veau.

Vendéimié, vendanger; *vendeïmou,* vendangeur.

Ventola, agiter l'air, faire du vent.

Vercheiri, un certain nombre de brebis ou de bœufs qui formoient la dot d'une fille avant que l'argent fût abondant.

Vercout, pourceau châtré.

Vermenou, verreux.
Verna, aulne, arbre.
Vi, pampre de vigne.
Via, bonna via, souhait de bon voyage.
Viageo, voyage.
Vieilloça, vieillard décrépit.
Vieillongia, vieillesse avancée.
Vilain, bâton qui tient au plafond et qui sert à accrocher la lampe.
Villon, osier.
Violet et vioulet, petit chemin, sentier.
Viousa, veuve.
Visita, escalier d'une maison.
Vocida et voianta, vider.
Voitrat, bâtard.
Vorzio, gouffre de rivière.

FIN DU VOCABULAIRE.

NOTICE BIBLIOGRAPHIQUE

Des divers Ouvrages imprimés en patois du département de l'Isère.

I. PASTORALE et TRAGI-COMÉDIE de Janin, par J. Millet. Grenoble, Cocson, 1633, in-4°, 122 pages.

II. Même ouvrage. Grenoble, 1700, in-8°.

III. Même ouvrage. Lyon, 1738, in-12.

IV. Même ouvrage. Grenoble, 1800, in-8°.

V. LA PASTORALE DE LA CONSTANCE DE PHILIN ET MARGOTON, par J. Millet. Grenoble, Raban, 1635, in-4°., 152 pages.

VI. LA BOURGEOISIE DE GRENOBLE, Comédie en cinq actes et en vers, par J. Millet. Grenoble, Charvis; 1665, in-8°, 145 pages.

VII. RECUEIL DE DIVERSES PIÈCES faites à l'antien (*sic*) langage de Grenoble, par les plus beaux esprits de ce temps-là. Grenoble, Charvis, 1662, in-12, 74 pages.

VIII. LO DIALOGO DE LE QUATRO COMARE. Grenoble, in-8°. (S. D.)

IX. EPÎTRE EN VERS au langage vulgaire de Grenoble, sur les réjouissances qu'on y a faites pour la naissance de Monseigneur le Dauphin. Grenoble, Faure, 1729, in-4°, 22 pages.

X. Grenoblo malhérou (par Blanc dit la Goutte). Grenoble, Faure, 1733, in-4°.

XI. Même ouvrage, suivi du Dialogo de le quatro Comare. Grenoble, Giroud, in-8°. (Vers 1800).

XII. Même ouvrage. Grenoble, Cuchet, in-8°. (Vers 1800).

XIII. Coupi de la Lettra u sujet de l'inondation arriva à Grenoblo lo 20 décembre 1740 (par Blanc dit la Goutte). Grenoble, Faure, 1740, in-4°.

XIV. Mélanges en prose et en vers (par M. Menil-Grand), Grenoble, Allier, 1808, in-8°, 40 pages.

FIN DE LA NOTICE BIBLIOGRAPHIQUE.

TABLE

des Articles contenus dans ce Volume.

PRÉFACE. *Page*. v.

PREMIÈRE PARTIE. Sur les idiomes vulgaires en général. 1

SECONDE PARTIE. Sur les idiomes vulgaires du département de l'Isère. 49

TROISIÈME PARTIE. Littérature dauphinoise. 69

APPENDIX. 101

N°. I. LETTRE en vers patois sur l'inondation de Grenoble. 103

II. PARABOLE DE L'ENFANT PRODIGUE en français. 110

III. Même parabole en langue vaudoise. 113

IV. Même parabole en patois de l'Oysan (Isère). 116

V. Même parabole en patois du Trièves (Isère). 120

VI. FRAGMENS extraits d'un Dictionnaire manuscrit du patois de Grenoble. 123

VII. Autres fragmens, Proverbes dauphinois. 128

VIII. Epître en vers patois sur la naissance
du Dauphin. 131

IX. Noel en patois de Grenoble. 147

X. Poésies légères en patois. 150

XI. Serment de Louis de Germanie et des
Seigneurs français en langue romane.
156

XII. Patois du treizième siècle, extrait d'un
manuscrit de Marguerite de Duin,
Prieure de la Chartreuse de Poleteins.
160

XIII. Vocabulaire alphabétique des mots
les plus difficiles des idiomes vulgaires
du département de l'Isère. 165

Notice bibliographique des Ouvrages imprimés en patois du département de l'Isère. 197

FIN DE LA TABLE.

CATALOGUE

Des Livres de fonds et d'assortiment qui se trouvent chez Goujon, Libraire.

Art du blanchiment des toiles, fils et cotons de tout genre, par l'acide muriatique oxygéné, rendu d'un usage plus facile, avec la Méthode de décolorer et de ramener à un état de blancheur parfait toutes les toiles peintes ou imprimées, etc., par Pajot-des-Charmes; 1 vol. *in-8°*, orné de 9 planches.   6 fr.

Art (l') épistolaire, ou Dialogue sur la manière de bien écrire les lettres; ouvrage divisé en deux parties, les préceptes et les modèles, par L. F. Jauffret; 3 volumes *in-18*.   4 fr. 50 c.

Bibliothèque historique de la France, par Lelong; 5 vol. *in-fol.*   36 fr.

Bibliothèque historique de la France, par Lelong; nouvelle édition revue et augmentée, par Févret de Fontette. *Paris*, 1778; 5 gros vol. *in-fol.* rel. en demi-rel.   50 fr.

Considérations sur les Mœurs; par Duclos; *in-18*.   1 fr.

Dictionnaire élémentaire de Botanique, par Bulliard, revu et presqu'entièrement refondu par Richard, orné de 20 planches gravées en taille-douce par Sellier.   7 fr.

Dictionnaire étymologique de la Langue française, par Jauffret; 2 vol. *in-18*.   3 fr.

Discours sur les vices du Langage judiciaire, brochure *in-8°*. *Paris*, 1809.   1 fr.

Doctrine sur l'Impôt, précédée de quelques vues sur l'Economie politique en général, par T. Guiraudet. *Paris, an 8*, 1 vol. *in-8°*.   2 fr. 50 c.

Élémens de l'Histoire moderne, ou Essai sur les mœurs et l'esprit des nations, par Voltaire; 5 vol *in-8°*.   18 fr.

Histoire de Thucydide, traduite du grec, par l'Évêque; 4 vol. *in-8°*.   12 fr.

Les Intérêts des Nations de l'Europe, développés relativement au commerce; 2 vol. *in-4°*. *Leyde*, 1766.   9 fr.

Lucrèce, traduction nouv., avec des notes, par Lagrange; 2 vol. *in-12*.   4 fr.

Mémoires sur les quantités d'eau qu'exigent les canaux de navigation; par Ducros, inspecteur-général des ponts-et-chaussées, chargé de l'inspection des canaux du Midi. *in-8°*. fig.   2 fr.

Narcisse dans l'île de Vénus, par Malfilâtre ; *in*-12, pap. velin, cartonné. 1 fr. 50 c.

Nouveaux Élémens de la Science de l'Homme, par Barthez, nouv. édit. considérablement augmentée par l'auteur. *Paris*, 1806, *in*-8°. 2 vol. 13 fr.

Observations sur les traductions des lois romaines ; par M. Berriat (Saint-Prix), professeur à l'École de droit de Grenoble ; brochure *in*-8°, 1807. 1 fr. 50 c.

Observations sur quelques points de l'Anatomie du singe vert, et Réflexions physiologiques sur le même sujet, par J. Lordat ; *in*-8°. 1 fr. 50 c.

Œuvres complètes de Claudien, traduites en français pour la première fois, avec des notes mythologiques, historiques, et le texte latin ; 2 vol. *in*-8°. 9 fr.

Poésies de M. Aurelius Némésien, suivies d'une Idylle de J. Frascatot, sur les chiens de chasse, par Delatour, traducteur des Œuvres de Claudien ; 1 vol. *in*-18, avec le latin à côté. 1 fr.

Promenades instructives d'un Père et de ses Enfans, traduit de l'anglais, 3 vol. *in*-18. 3 fr.

Propos de Table, suivis de Contes pour la veillée, et de Fables nouvelles ; 1807, 1 vol. *in*-8°. 4 fr.

Pucelle d'Orléans, poëme en vingt-un chants ; 2 vol *in*-18. 75 c.

Recherches sur les divers Modes de publication des Lois, depuis les Romains jusqu'à nos jours ; par M. Berriat-Saint-Prix ; brochure *in*-8°. *Paris*, 1809. 1 fr.

Religieuse (la) ; 2 vol. *in*-18, fig. 2 fr.

Ruines (les), par Volney ; *in*-8°., fig., dernière édit. 6 fr.

Salluste (histoire de), latin-français, par M. Lebrun ; 2 vol. *in*-12. 4 fr. 50 c.

Sténographie musicale, ou Manière abrégée d'écrire la Musique à l'usage des compositeurs et des imprimeries, par Lasalette ; *in*-8°. 2 fr.

Traité de la structure, des fonctions et maladies du Foie, trad. de l'anglais de Saunders, par P. Thomas, D. M. M. *in*-8°. 3 fr. 75 c.

Voyage en Hongrie, précédé d'une Description de la ville de Vienne, traduit de l'anglais par Cantwel, avec fig. et une carte générale de la Hongrie ; 3 vol. *in*-8°. 12 fr.

www.ingramcontent.com/pod-product-compliance
Lightning Source LLC
Chambersburg PA
CBHW071942160426
43198CB00011B/1503